文部科学省後援

秘書検定

準1級 クイックマスター 改訂2版

早稲田教育出版

　秘書検定の準1級には面接試験があります。秘書技能は上司に対する補佐業務ですが，現職の皆さんにとっては秘書技能としての人柄を，学習者の皆さんにとっては，就職対策として職場に必要な人柄を学べるツールが面接試験です。面接試験の受験については本書の最終章で具体的に学んでいただくとして，ここでは，秘書検定に面接試験がある意義について触れることにします。

　私たちは人を見て，「感じがいい」または「……悪い」という言い方をします。このときの感じは「人柄」に対してです。

　補佐を受ける上司にしても，就職面接のときの選考にしても，人が人を選ぶときの決め手は人柄です。

　では，この人柄というのは何によってつくられているのでしょうか。いろいろな要素によっているのでしょうが，集約すると態度，振る舞い，言葉遣い，話し方の調子といえそうです。これらがいいと，感じがいいということになり人柄がいいということになるからです。

　皆さま方は本シリーズの3級2級で，秘書技能としての態度，振る舞い，言葉遣い，話し方の調子を学んできました。これによって普段の言動に知識が加わりましたが，知識が加わっただけでは感じがいいというところまではいきません。まだ普通のレベルだからです。感じがいいというところまでいくには，普通のレベルを超える必要があります。

　その勉強をするのが面接試験です。せっかくここまできたのですから，面接試験の合格を目指し，態度，振る舞いなどの感じのよさを身に付けていただき，人柄を評価されるようになっていただくことを願っています。

公益財団法人　実務技能検定協会　秘書検定部

● 本書の特長 ●

　本書は，秘書検定準1級を目指す人のために編まれた，分かりやすく実戦的な受験参考書であり，内容としては以下のような特長を持っています。

◆見開き構成の各ページにイラストを多用して，分かりやすくした。
◆できるだけ分かりやすく記述し，難しい漢字にはふりがなを振り，難しい用語は＊を付けて別途解説するようにした。
◆各項目ごとに，そこで学ぶ重要事項や見落としそうな項目をキーフレーズで強調し，記憶に残るようにした。
◆過去の試験によく出題された選択肢や出題されそうな選択肢を提示し，読者が○×式で解答することによって，その項目の理解度がチェックできるようにした。
◆学習の過程でつい錯覚しがちな箇所をピックアップし，細かく解説した。
◆各セクションごとに実問題（実際の過去問題）を出題。セクションごとの理解度や実力が確認できるようにした。また，これらの実問題を利用して合否の自己診断ができるように工夫した。各問いの難易度ランクは★の数が多いほど難易度が高くなります。

　本書を徹底活用することで，多くの方々が秘書検定に合格されることを願っています。

主な登場人物

上司
快活で温厚な性格だが，仕事には厳しい。よい秘書の的確な補佐で，仕事がはかどると喜んでいる。

よい秘書
的確な対応をするので上司に気に入られている。ときどき同僚のダメ秘書の相談に乗っている。

ダメ秘書
悪い性格ではないが，そそっかしく思い込みが激しく，失敗の連続である。しかし，なんとか一人前の秘書になろうと頑張っているので憎めない存在である。

先輩秘書
秘書業務に精通し，後輩の面倒見がよい。後輩の間違いに対しては，丁寧に教えるよう心がけているが，ダメ秘書の指導には苦労している。

● 秘書検定の受け方 ●

1．秘書検定の範囲
試験は「理論領域」と「実技領域」に分けられます。理論領域には「Ⅰ必要とされる資質」「Ⅱ職務知識」「Ⅲ一般知識」が含まれます。実技領域には「Ⅳマナー・接遇」「Ⅴ技能」が含まれています。

2．合格基準
理論領域・実技領域とも，それぞれの得点60％以上のとき合格となります。どちらか一方が60％未満のときは不合格となります。

3．試験方法
問題の約60％がマークシート方式であり，五つの選択肢から一つだけ選ぶ択一問題になっています。残りは記述式です。試験時間は130分です。準1級筆記試験の合格者には面接試験（ロールプレーイング形式）があります。

4．受験資格
誰でも受験することができます。学歴・年齢その他の制限は一切ありません。

5．試験実施日
原則として，毎年6月，11月に実施されます。

6．申込受付期間
試験日のほぼ2カ月前から1カ月前までが受付期間となります。検定協会所定の「受験願書」が付いている「秘書検定案内」又は，ホームページで確認してください。

7．受験申込方法

（1）個人申込の場合
以下の2種類の申込方法があります。
　　①インターネットで申し込む‥‥パソコン，タブレット，スマートフォンで以下のアドレスにアクセスし，コンビニエンスストアまたは，クレジットカードで受験料を支払う。
　　　URL　https://jitsumu-kentei.jp/
　　②郵送で申し込む‥‥現金書留で，願書と受験料を検定協会へ郵送する。
　　　（願書は検定協会より取り寄せる）

（2）団体申込の場合
学校などを単位にしてまとめて申し込みをする場合は，検定協会所定の「団体申込用受験願書」が必要です。「受験願書」に必要事項を記入し，受験料を添えて必ず学校等の担当者に申し込んでください。

8．その他
試験会場，受験料，合否通知，合格証の発行等については秘書検定のホームページをご覧ください。ご不明点は下記へお問い合わせください。

公益財団法人　実務技能検定協会　秘書検定部
〒169-0075　東京都新宿区高田馬場一丁目4番15号
電話 03（3200）6675　FAX 03（3204）6758　https://jitsumu-kentei.jp/

● 目　次 ●

第1章

必要とされる資質

上級秘書の資質と能力

Lesson
1 ▶ 求められる人柄

「上級秘書には臨機応変な対応や柔軟性が必要」

上級秘書ともなると，型通りの対応だけでなく，状況に応じた臨機応変な対応や柔軟な対応ができる能力も要求されます。そのためには「まじめ」一辺倒ではなく，ユーモアとウイットのセンスも身に付けておくことが大切です。

☆ 秘書に求められる人柄・資質

秘書に求められる人柄の基本は，①誠実，②明朗，③従順，④機密を守ることですが，上級秘書として上司を補佐するためには次のような資質も求められます。

- ●心身の落ち着き………どのような状況でも慌てず，冷静に対処できる。
- ●寛大さ………………相手を認め，人を責めない。
- ●臨機応変な行動………機転を利かせ，素早く行動に移す。
- ●柔軟な考え方…………固定観念に捉われない考え方をする。
- ●機知に富んだ態度……ユーモアとウイット*のセンスを身に付ける。

求められる秘書の人柄

どんなことにも
冷静に
対処できる。

寛大で
柔軟性がある。

機転*が利き
臨機応変な対応
ができる。

ユーモアがあり
ウイットに富む。

用語 **Check**
【ウイット】　その場の空気を和らげる気の利いた言葉やしゃれをとっさに出せる才能。
【機転】　状況に応じて，適切に判断することができる機敏な心の働き。

☆ 常に向上精神を持ち続ける

　上級秘書には，職務に関する専門知識の習得だけでなく，幅広い分野における最新の知識が要求されます。そのためには，探求心や向上心を持ち続けることが大切です。世の中は常に進歩しているので，今日学んだことが半年後には古い知識になっていることも少なくありません。常に新しい知識を吸収しようという意欲を持つようにしましょう。特に，以下のような分野については積極的に学習することが求められます。

◆専門知識に精通する

　秘書として必要とされる専門知識も，社会の進歩とともに増加していきます。常に最新の知識を身に付ける努力は欠かせません。

- ●外国語の習得。特に国際共通語である英語の知識は重要。
- ●最新OA機器やパソコンの操作。パソコンのソフトは常に進化しているため，最新の操作ができるようにしておく。
- ●上司の業務についての知識。
- ●企業組織，法律，税金・財務に関する知識。

◆社会事象，政治経済，人間関係に関する知識を研究する

　専門外のことでも，次のような分野は秘書として知っておきたいものです。特に人間関係に関する分野は秘書と関わりの深い分野です。

- ●対人関係論，心理学など，人間性に関する知識。
- ●時事問題，最新科学知識，スポーツ・芸術など社会事象に関する知識。
- ●為替相場，株式市況，政局の動向，国際関係問題など，政治・経済に関する知識。

2 新人秘書の指導

Key フレーズ 「新人秘書には，秘書の特性を理解させる」

新人秘書の指導で重要なのは，職業人としての自覚とともに秘書ならではの仕事の特性を教えることです。「上司あっての秘書であること」，「上司を理解し，指示には忠実に従うこと」，「機密を守ること」などは徹底して指導することが重要です。

☆ 秘書の特性を教える

　上級秘書は，新人に秘書としての仕事を教えたり，秘書としてのあるべき姿を自覚させるように指導する役割を担っています。

　特に大切なことは，営業などと違い，秘書の評価は上司の仕事の結果次第であるということです。自分の努力は自分に向かうのではなく，「上司の成果のため」であることを充分に理解させる必要があります。そのためには以下のポイントが大切です。

- ●社会人，職業人としての自覚を持たせる。
- ●秘書としての立場や心構えを理解させる。
- ●仕事の流れや役割を教え，それは上司を補佐するために重要な仕事であることを理解させる。
- ●上司の人間性を理解するように指導する。

これは 間違い！

後輩Bから会社を辞めたいと相談を受けました。原因は同僚Cと気が合わないからだということです。これから忙しい時期を迎えるので，Bに辞められては困ります。そこで，「Bと気を合わせてやっていくようにCを説得してみるから，しばらく待ってくれないか」と言いました。

間違いの理由 ↑

気が合う合わないは本人の問題であり，第三者が説得して解決するようなことではありません。それより，気持ちを切り替えて仕事に前向きになるよう促す方が効果的です。

Let's Study! よく出る問題

■適当＝○か不適当＝×か考えてみよう。（新人秘書の指導）

□①仕事で漏れの多い新人には，一度にたくさんの指示を与えないで，指示をしたらその場で復唱させるようにしている。

□②仕事でミスの多い新人には，仕事の指示をしたとき，今までのミスを順を追って話し，仕事を正確にする重要性を再確認させている。

解説：①仕事の漏れを防ぐ方法としてよい。
解答＝○
②同じミスをさせないために，過去の例を引き合いに出すことはあるが，正確さの重要性を認識させるために，過去のミスを順を追って話しても効果がない。
解答＝×

☆ 機密を守るよう指導する

　新人秘書に機密事項を守るように指導する際には，どのようなものが機密なのか，なぜ漏らしてはならないかという背景などを指導する側も把握しておく必要があります。以下の点に留意して指導します。

● 人事情報，新企画，研究開発情報，合併情報，事業提携情報など，未発表の情報は，全て機密事項であることを教える。
● 情報が漏れると，会社に不利益になるばかりか，全社的影響にとどまらず，会社の株価の変動など社会的にも重大な影響をもたらすことを認識させる。
● 社員は企業の秘密を守る義務があり，それに違反して企業に損害を与えれば，窃盗罪や背任罪などの刑事罰が問われ，損害賠償を求められることもあると理解させる。
● 上司のプライバシーに関しても他言することのないよう注意する。

今年の決算はどんな感じ？

合併問題はうまくいきそう？

そういうことは，知る立場にないので，分かりません。

☆ 表現力を身に付ける

　新人秘書を指導するには，秘書としての知識や経験の他に，自分の意図を適切に伝える表現力が大切になります。また，相手の理解力に応じた話し方をするように心がけます。以下の点に留意しましょう。

● 要点を押さえた話し方をする。
● 難解な言葉や一般的でない外来語は避ける。
● 話した後，疑問点などを聞いてみる。
● 理解したかどうか，最後に要点を言わせるなどして確認する。

外来語や専門用語は使わないようにしています。うっかり使ってしまったときは，すぐ言い換えるようにしています。

3 秘書の判断力

■これだけは押さえておきたい■
Key フレーズ 「複雑な状況でも的確な判断ができる能力」

上級秘書になると，個々の仕事の判断だけでなく，全体の仕事の流れを把握して総合的な判断をしたり，複雑な状況下での的確な判断をすることが求められるようになります。

☆ 瞬時に的確な判断を下す

　ビジネスの場では，突発的な事態や例外的な状況に直面することが少なくありません。秘書は，そうした状況にも的確な判断を下して対応していくことが求められます。そのためには，以下のようなことに留意し，日ごろから周囲の状況をよく把握しておくように心がけます。

- ●「部長，課長は在社中か外出中か」，「上司は今どんな仕事をしているか」など，社内の状況や上司の仕事の状況を把握しておく。
- ●「費用・時間はどれくらいかかるか」など，普段の仕事を数値的に把握しておく。
- ●「どのような行動をすればよい結果が得られるか」を考え，事実の分析・検討をする。
- ●「誰に尋ねれば，適切な解決方法が得られるか」などの情報を得ておく。
- ●コミュニケーションを密に図り，いつでも協力が得られるような人間関係をつくっておく。

Let's Study!
よく出る問題

■適当＝○か不適当＝×か考えてみよう。

□ 上司は，このところ忙しかったためか疲れているようで，今日は帰るかな，とつぶやいているのが聞こえた。今，午後3時。今日はもう予定は入っていないので，上司が早めに退社できるように準備していた。そこへ課員が，時間が取れれば上司に相談したいことがあるのだがと言ってきた。そこで，上司が疲れているという事情を説明し，これから退社してもらうところだと言って引き取ってもらった。

解説：課員は，時間が取れればということで，急いでいるわけではない。ここは課員に事情を話して引き取ってもらうのが適切な対応である。
解答＝○

ちょうど集計が終わったところ，いつでもいいよ！

できるだけ早く，先月の営業資料をお借りしたいのですが……

☆ 上司の意向を柔軟に判断する

　上司が「電話や来客は取り次がないように」と指示することがあります。しかし，言葉通り一切取り次がないようでは秘書の役割を果たしたことにはなりません。次のことを考慮して柔軟に判断します。

◆上司に取り次ぐ判断基準

　以下が取り次ぐ際の判断基準ですが，面会するか電話に出るかの判断は上司がするので，秘書はその後，指示を仰ぐことになります。

- ●事態の重要度や緊急性で判断。
- ●相手と上司との関係で判断。
- ●いつでも会える人か，そうでない人かで判断。
- ●遠距離からの来訪者かどうかで判断。

これは間違い！

忙しいので電話を取り次がないようにと上司に指示を受けていましたが，上司の友人と名乗るY氏から電話があり，上司の故郷で同窓会を開くので，その件で電話したとのことでした。緊急ではなかったのですが，故郷の友人からの電話だったので取り次ぎました。

間違いの理由

故郷の友人であっても，緊急でないのなら取り次ぐのを控えます。相手の電話番号を聞いておき，後で上司に伝えるようにします

◆取り次ぐ場合の具体例

　以下のような場合は，基本的には取り次ぐようにします。

- ●取引先の転任・着任のあいさつ訪問。
- ●上司の恩師・親友の訪問。
- ●社長など，上司の上役からの呼び出し。
- ●紹介状を持参した客の訪問。
- ●緊急の用事で来た部下。
- ●家族からの緊急電話。
- ●家族や社員の交通事故といった緊急事態。

転任や着任のあいさつは，予約なしで訪問するのが一般的です。儀礼的なもので，すぐ済むので取り次ぐようにしています。

4 機転を利かす・記憶力・行動力・表現力

「判断力，記憶力，行動力で機転を利かす」

物事に対して機敏に心が働き，そのときその場に応じて才知を発揮できることが機転が利くということです。機転を利かせるには，とっさの判断力だけでなく，記憶力や行動力，ときにはユーモアのセンスなども必要です。

☆ 機転を利かせて期待に応える

　「機転を利かせる」とは，例えば，①上司が離席しているとき，訪ねてきた人に知られては困る文書が上司の机に広げられていたら，さりげなく裏返しにする，②上司が急に出張することになったときは必要な書類をすぐにそろえるだけでなく，出張先の空模様を調べて傘を用意するといったようなことです。いざというとき，機転を利かせた行動が取れるように，日ごろから次のようなことを心がけておきます。

● 日常的な業務は，指示を待たずに行う。
● 指示を受けたら，言われたことだけでなく，それに付随する仕事も行う。
● 予測できる仕事は，前もって準備をしておく。
● 上司の行動パターンや関心の対象を把握しておく。
● 上司が関心を持つ情報をこまめに収集しておく。

これは 間違い！

上司（部長）が外出中，常務が部長全員に宛てて発信した回覧文書を常務秘書から受け取りました。その回覧文書の順番は上司が最初で，文書には回答を記入する必要があり，今日中に回覧を終えるようにと期限が付いています。上司の帰りは4時間後ですが，「回覧には順番があるので受け取っておき，上司が帰社して回答した後，回覧文書に「至急」と書いて次に回そうかと考えています。

間違いの理由

上司の帰社を待ってから回覧したのでは，全員の回覧が間に合わないこともあり得ます。「至急」と書いたところで他の部長たちも，そのとき外出していたりすると対応できなくなります。この場合は，回覧文書を持ってきた常務秘書に，「上司不在のために，順番を最後にしてもらいたい」と頼みます。あるいは，回覧文書をコピーして，帰社した上司がすぐ書けるようにしておきます。そして回覧文書は次へ回し，「上司不在のため回答は常務へ直接する」と常務秘書へ連絡するようにします。

☆ 記憶力，行動力，表現力

秘書にはさまざまな能力が求められますが，ここでは，記憶力，行動力，表現力について再度確認しましょう。

◆記憶力

上司と関係者のパイプ役となる秘書には，会った人の顔と名前を正確に記憶しておくことが要求されます。そのためには，名刺にその人の特徴を記しておくなど，記憶力を補強する努力も必要です。

上司が思い出せないでいるときなど，秘書の記憶力が頼りになります。

◆行動力

指示されたことや，考えたことを慎重かつ機敏に実行していくことが適切な行動力です。機転が利いた判断をしても，それをすぐに行動に移さなければ意味がありません。敏速かつ無駄のない洗練された動作も身に付けておきましょう。

◆表現力

ビジネス上の表現力の基本は簡潔であることです。報告，連絡を長々とすると，忙しい上司の障害となります。分かりやすく無駄のない表現を心がけます。次のようなことに留意しましょう。

- ●要領よく簡潔にまとめ，分かりやすい言葉を使う。
- ●順序立てて説明する。
- ●比較や対照を用いて，相手の理解を助ける。
- ●伝える内容が多い場合はメモにし，それに基づいて伝える。
- ●正しい敬語表現を用いる。

このことに詳しいのは以前取材に来た……誰だったかな？

確か，K社のR記者だったと記憶しています。今，名刺を確認いたします。

これは 間違い！

サンプルを見たいね。

はい，サンプルを取り寄せております。

間違いの理由

サンプルを取り寄せ中なのか，取り寄せて現在あるのかはっきりしません。「取り寄せるよう手配をしました」か「取り寄せました」と正確に伝わるように話します。

1　難易度 ★☆☆☆☆　😣 できないと キビシ〜!!　　チェック欄

　次は部長秘書Ａが，「仕事をするときは，先読みすることも必要」ということを念頭に置いて行ったことである。中から<u>不適当</u>と思われるものを一つ選びなさい。

1）上司がＹ社に出かけるときは直帰することが多いので，その日は部員に急ぐものは早めに指示を仰ぐようにと連絡した。
2）上司の外出中，上司が世話になった取引先の会長の訃報が入ったが，今週は予定が立て込んでいるので課長の予定を聞いておいた。
3）取引先から面談の申し込みを受けたとき，先方の希望日には他の予定が入っていたので，別の候補日を教えてもらいたいと言った。
4）上司が緊急会議だと言って席を立ったとき，緊急なら長引くかも知れないと推測し，上司を呼び止めてスケジュールの確認をした。
5）上司の出張中，業界紙の記者から開発中の新製品についての取材依頼があったとき，前回の記事と同じ扱いなら承諾するだろうと言った。

2　難易度 ★☆☆☆☆　😣 できないと キビシ〜!!　　チェック欄

　秘書Ａは他部署の秘書Ｃから，「後輩秘書に自分の仕事を手伝ってもらうとき，先輩としてどのようにすればよいか」と相談を受けた。そこでＡは自分の経験から次のようなことを話した。中から<u>不適当</u>と思われるものを一つ選びなさい。

1）仕事を頼むときは，相手が後輩であっても手が空いているかどうか最初に確かめてからにする。
2）期日のある仕事を頼んだときは，途中で仕事の進み具合を尋ね，間に合いそうか確かめるようにする。
3）「これを入力して」とだけ言うような頼み方をせず，何に使うものかなどの目的も合わせて説明するようにする。
4）後輩に，Ｃの頼んだ仕事にかかっているとき上司から仕事を頼まれたら，自分に確認してから受けるよう言っておく。
5）手伝ってもらった仕事にミスがあったとき注意はするが，手伝ってもらったことへの感謝の言葉を忘れないようにする。

| 3 | 難易度 ★★☆☆☆ | できないと アヤウイ! | | チェック欄 | |

営業部長秘書Aは後輩Bに，気を利かさないと秘書のいる意味がないと話して，自分が行った次のような例を挙げた。中から<u>不適当</u>と思われるものを一つ選びなさい。

1) 上司と面談中の来客が帰るころになって雨が降り出したとき，タクシーを呼んでおこうかとメモを入れた。
2) 午前中の会議が長引き予定より遅く上司が戻ってきたとき，午後一番に予約客が来訪するので軽食を用意しようかと尋ねた。
3) 面談終了後に上司が，客に書類を渡し忘れたと言ったとき，客は広報部に立ち寄ると言っていたので，広報部にいるはずと教えた。
4) 上司が6時を過ぎても友人と談笑をしていたとき，このような場合にいつも利用するレストランの空き状況を電話で確認しておいた。
5) 商談から戻った上司が考え事をしているところへ，他部署の部長が上司はいるかと言ってきたとき，立て込んでいるが急ぎかと尋ねた。

| 4 | 難易度 ★★★☆☆ | できて ひとまずホッ!! | | チェック欄 | |

秘書Aは後輩から，「受付で，来客によい印象を持ってもらうために清潔感のある身なりを心がけているが，身なり以外にどのようなことを心がけたらよいか」と尋ねられた。このような場合，Aが答えればよいことを箇条書きで三つ答えなさい。

5 難易度 ★★★☆☆ できて ひとまずホッ!!　　　　チェック欄

　秘書Aは上司から,「出張先への手土産に××屋の○○を持っていきたい。明日の出発までで構わないので用意しておくように」と言われた。Aは立て込んでいたので,翌日用意するつもりでその日は買いに行かなかった。しかし,翌日店に行ったところ,大量に買った客がいて売り切れているという。このような場合,①Aはどのようにすればよいか。また,②今後このようなことをなくすためにはどのようにすればよいか。それぞれ答えなさい。

6 難易度 ★★★☆☆ できて ひとまずホッ!!　　　　チェック欄

　秘書Aは他部署のJから,「先輩の仕事の一部を引き継いだが,どれも難しい仕事で自分にはできそうもない。どうすればよいか」と相談された。このような場合,AはJにどのようなアドバイスをするのがよいか。次の中から<u>不適当</u>と思われるものを一つ選びなさい。

1) 初めての仕事は誰でも自信がないのは当たり前で,やっていくうちに少しずつ自信がついてくるのではないか。
2) できないかどうかはやってみないと分からないことだから,まずはやってみようと思い切ることが大切なのではないか。
3) 思い通りにできないことがあっても先輩より経験が少ないのだから,ある程度は仕方がないと割り切ってしてみたらどうか。
4) まずはしてみて無理だと分かってから先輩に相談すれば,もともと先輩がしていたことなので戻すこともできるのではないか。
5) 難しそうだからといっても一度引き継いだものを他の人に代わってもらうことはできないのだから,頑張るしかないのではないか。

1＝5）開発中の新製品についての広報の仕方は，会社の方針によるもの。そのようなことを秘書が上司の出張中に，前回の記事と同じ扱いなら承諾するだろうと勝手に言うなどは不適当ということである。

2＝4）C（先輩）から頼まれた仕事にかかっていても，秘書が上司から仕事を頼まれたら，上司の仕事を優先しなければならない。従って，自分に確認してから受けるよう言うなどは不適当ということである。

3＝3）秘書は上司の手助けをするのが仕事。客が広報部にいるはずなら，自分が届けに行くのが，この場合の気の利かせ方。行き先を教えただけでは気を利かせたことにはならないので不適当ということである。

4＝【解答例】1．生き生きとした明るい表情。　2．改まった話し方。　3．丁寧な振る舞い。
【解説】解答例の他に，「てきぱきとした動作」などもよい。

5＝【解答例】①　代わりの品の候補を決め，上司に電話で事情を話してそれでよいか確認する。駄目ということなら宅配便で送るなどを提案する。　②　上司の指示を受けたら，すぐに電話で予約をしておく。

6＝4）このような場合，Jがやってみようという気になるような前向きなアドバイスをするのがよいことになる。先輩に相談するのはよいが無理なら戻すこともできるなどは，受けた仕事の取り組み方として無責任な考えなので不適当である。

合否自己診断の目安

　正解率60％以上を合格の目安としてください。ここでは，6問出題したので，4問以上の正解でクリアです。

| 1　上級秘書の資質と能力 | 6問中 ☐ 問正解 ●正解率＝ ☐ ％ |

　実際の試験では，配点は公表されていませんが，理論領域と実技領域で，それぞれ60％以上の得点で合格となります。今後，各セクションごとに過去問題を出題しますから，問題数に対して60％以上の正解率を勝ち取るように頑張ってください。
さて，この「上級秘書の資質と能力」で4問以上正解できましたか？
エッ!?，クリアできなかった？
まあ，落ち込まないで，次で取り返せばOKですよ。

対人関係と社交

コミュニケーション能力

■これだけは押さえておきたい■
Key フレーズ 「求められればアドバイザー役にもなる」

　上級秘書は，パイプ役として，また上司のアドバイザー役として高いコミュニケーション能力が求められます。ただし，アドバイザーとしては，求められたときにのみ応じるのが鉄則です。

☆ パイプ役としての役割

　上司と関係者とのパイプ役である秘書は，有能なコミュニケーター(情報伝達者)の役割を果たし，円滑な人間関係を築いていかねばなりません。特に上級秘書には，社交性に富み，幅広い話題も提供できる高いコミュニケーション能力が求められます。優れたコミュニケーターとなるために，以下のポイントを押さえておきましょう。

- ●正確に聞き，要領よく的確に伝達する。
- ●理解しやすく表現し，不明な点は確認する。
- ●必要な人間関係を積極的につくり出す。
- ●人間関係の潤滑油になる。
- ●根拠のないうわさや評価に左右されない。
- ●人に好感を持たれるように心がける。
- ●会話能力を高め，豊かな表現力を身に付ける。
- ●誰とでも打ち解け，社交性を身に付ける。

Let's Study!
よく出る問題

■適当＝○か不適当＝×か考えてみよう。

□ 上司から「営業部のS係長を知っているか。営業成績が抜群の好人物だと営業部長は言っていたが」と尋ねられた。S係長と直接話したことはないが，同僚から「S係長は裏表があって信用できない」と聞いたことがある。そこで「S係長とは直接話したことがないので，どういう人かよく知らない」と言った。

解説：S係長について知っていることは同僚から聞いたことである。直接知っているわけではないので「知らない」と答えるのが適切。

解答＝○

これは 間違い！

上司から，前の上司のK部長について「K部長は割に頑固だね，君は前に付いていてどうだった」と聞かれたので，「どういうところから，それをお感じになるのでしょうか」と聞いてみました。

間違いの理由

秘書は，上司の人物評はしてはいけません。「どういうところから」と聞けば，話が続いていきます。「私はあまり感じませんでした」などと言って，それ以上話が続かないようにします。

☆ アドバイザー役としての役割

　上級秘書になれば，上司からアドバイスを求められることも出てきます。その際には，秘書という自分の立場をわきまえた上で積極的に応じるようにします。そうすることによって，上司とのよりよいコミュニケーションが図れるようになり，信頼も深まっていきます。

　アドバイスをするときには次のことに留意しましょう。

●アドバイスすべきことかどうかを冷静に判断する。
●上司の仕事の範囲をよく理解した上でアドバイスする。
●自分の立場をわきまえ，一歩引いた立場から上司のために判断を示す。

これは 間違い！

　上司から，「N氏に面会の申し込みをしておいてもらいたい，お願いしたいことがある」と指示されました。そこでN氏に連絡すると仕事が立て込んでいて無理だと言われました。以前にも同じようなことがあり，N氏は上司を避けているようです。上司に報告すると，もう一度連絡してもらいたいとのこと。そこで，再度のお願いなので，上司の方からするのがよいのではないかと話しました。

間違いの理由

N氏は上司を避けているらしく面会は無理だと言っているようですが，上司はそのN氏に面会したいと望んでいるのですから，秘書は上司の意向の実現に努力しなければなりません。それを上司からした方がよいなどとアドバイスするのは，秘書としての職務を果たしていないことになります。この場合は，「今は忙しそうなので，少し時間を置いてからでもよいか」と伺いを立てるようにアドバイスするのがよいでしょう。

☆ 快適な環境づくりを心がける

　上司の執務室には社内外からさまざまな人が訪れます。そうした来訪者に快適な環境を提供することも，秘書の重要な仕事の一つ。以下のことに留意して，自然と会話が弾むような居心地のよい空間づくりを心がけましょう。

●観葉植物や生花などを適切に配置しておく。
●部屋の温度や湿度，採光にも気を配る。
●来客や上司の様子に気を配り，タイミングよくお茶を入れる。
●来客や上司に笑顔で話しかけ，会話のきっかけをつくる。

■これだけは押さえておきたい
Key フレーズ 「上司の指示を伝える秘書は,『伝言役』である」

秘書が上司に代わって,上司の指示を上司の部下などに伝える際,心得ておくべき重要なことは,秘書はあくまでも上司の伝言役であるということです。従って,上司と同等の立場に立って指示をするような言動は厳禁です。

☆ 上司の指示の伝え方

秘書が上司の部下や関係者に,上司の指示や命令を伝えることはよくあります。この場合,秘書はあくまでも上司のメッセンジャー(使者)という立場ですから,指示や命令は丁寧に伝えます。その際,注意すべき点は以下の通りです。

◆上司の権限と自分の職務を勘違いしない

秘書の職務として上司の指示や命令を伝えるのであって,自分が上司と同等の権限を持っているなどと勘違いしないようにします。

◆誰に対しても丁寧な言葉遣いで伝える

たとえ相手が自分より格下であっても,丁寧な言葉遣いで伝えるようにします。また,目上の人には正しい敬語を用います。

◆相手のミスの指摘は慎重にする

ミスを指摘する場合,「上司が指摘している」ことが正確に伝わるように話し,秘書が指摘しているような話し方をしないようにします。

Let's Study!
よく出る問題

■適当=○か不適当=×か考えてみよう。

□ 上司から資料にミスがあるため作成者に注意しておくようにと指示された。そこで「上司が,この資料にミスがあると言っていたので,もう一度チェックしてもらえないか」と言った。

解説:上司から注意しておくように言われたのであるから「注意してほしい」と言えばよいようだが,ここは直接的に言わないで「もう一度チェックしてもらえないか」と間接的に言う方が相手を気遣った言い方になる。
解答=○

これは間違い!

係長が作成した書類にミスがあることを伝えるようにと上司に指示されました。上司は不機嫌そうだったので,係長には,上司に謝りに行った方がよいとアドバイスしました。

間違いの理由

正確に指示を伝えるのが秘書の仕事です。「謝りに行った方がよい」などと係長にアドバイスをする立場にはありません。

◆指示内容の趣旨・テーマを明確に伝える

　上司の指示や伝達事項を「一語一句正確に伝えること」よりも「趣旨やテーマを明確に伝えること」に主眼を置きます。また，数字や固有名詞には正確性が求められます。

◆自分の感想や意見を言わない

　上司の指示内容だけを正確に伝えるようにし，指示内容に関して，「自分ではこう思うが」とか「急いでいる様子ではない」などといった余計なことを付け加えないようにします。

> 数字など正確性を要することはメモしておき，確実に伝わるようにしています。

☆ 情報の伝え方と言葉遣い

　企業における情報の伝達はさまざまな方向から行われます。経営者層からの命令や指示は上から下へ，社員からの報告や伺いは下から上へ，連絡事項は水平にというように伝達されていきます。ビジネスの場における敬語などの言葉遣いも，こうした伝達の流れを意識して使い分ける必要があります。

◆情報の方向性と職階の上下関係を意識する

　情報は，部下が秘書を通して上司に伝えられる場合もあれば，上司が秘書を通して部下に伝える場合もあります。秘書は相手との上下関係をはっきり意識して敬語の用い方に注意しなければなりません。

これは 間違い！

> 上司の部下の係長から，上司に会いたいと電話があったので，「係長がおいでになりたいとおっしゃっていますが」と上司に伝えました。

間違いの理由

> 上司の部下である係長の行動に敬語表現を使っています。これでは，上司に対して失礼に当たります。
> 「係長が伺いたいとおっしゃっていますが」とします。

Lesson 3 招待や贈り物への対応

■これだけは押さえておきたい■
Key フレーズ 「招待や贈り物を受けたら必ず報告する」

秘書は，取引先から食事に招待されたり，贈り物を受けたりすることもあります。取引先との関係を良好に保つためにも相手の厚意に対しては快く受けるようにします。ただし，そのことを必ず上司に報告するのが鉄則です。

☆ 食事・ゴルフなどに招待されたときの対応

　秘書は，社外の関係者から食事やゴルフなどの招待を受けることが少なくありません。こうした招待に応じて，関係者との人間関係を円滑にしていくことは，上司と関係者とのパイプ役である秘書の役目でもあります。仕事に支障がなく都合がつけば，できるだけ応じるようにします。ただし，その際は以下の点に配慮します。

●勤務時間外で特に予定がなければ，申し出を承諾することもできるが，まずは招待を受けたことを上司に必ず報告し，相談する。
●勤務時間内の場合は，「報告」ではなく「許可」を得る。
●事後，相手には電話などで礼を述べる。

① 招待を受けたら

② 上司に報告する　楽しんで…

③ 電話で礼を言う

昨日はありがとうございました。

☆ 贈り物への対応

　秘書は関係者から中元や歳暮という形で個人的に贈り物を受けることがあります。関係者からの贈答に対しては，「気持ちだけ受け取る」という姿勢で対応するのが原則です。社交儀礼の範囲の品物であれば受け取っても差し支えありませんが，高価なものや現金は丁重に断るようにします。贈り物を受けたときの対処の基本は以下の通りです。

●受け取るときは，相手の心遣いに感謝してありがたく受け取る。
●受け取ったら，必ず上司に報告をする。
●同僚などには話さないようにする。
●後日，相手には礼状を出しておく。

贈り物をいただいたら必ず上司に報告し，すぐに礼状を出すようにしています。

これは 間違い！

よく上司を訪ねてくる取引先の部長から，いつも世話になっているのでと食事に招待されました。それで，ご招待の心遣いにお礼を言い，「今後ともよろしくお願いします」とあいさつをしました。後で上司にそのことを報告しました。

間違いの理由

招待の心遣いに礼を言った後には，「自分がしていることは仕事としてなので，今後はこのような心遣いは不要である」という意味の言葉を述べます。「今後ともよろしく」は，「またそうしてほしい」という意味にとられかねないので，この場では不適切です。

1 難易度 ★☆☆☆☆ ☺ できないと キビシ～!! | チェック欄 |

　秘書Aが受付を通りかかると，新人秘書Bが予約客から「言葉遣いがなっていない」と注意され，謝りながらおろおろしていた。次はそのときAが順に行ったことである。中から<u>不適当</u>と思われるものを一つ選びなさい。

1）客に「失礼いたします」と声をかけて自分を名乗り，Bの不行き届きをわびた。
2）ぽうぜんと立っていたBに，改めて客にきちんとわびるように言った。
3）Bに応対をやり直させて，言葉遣いの間違いをその場で指摘して言い直させた。
4）客を応接室に案内し，上司に客の来訪を伝えたとき，受付で客に失礼があったことを報告した。
5）気落ちしていたBに，気持ちを前向きに切り替え，指摘してくれた客に感謝して接遇用語を学び直すようにと言った。

2 難易度 ★★☆☆☆ ☺ できないと アヤウイ! | チェック欄 |

　秘書Aの上司（山田部長）が出張中，取引先の部長から上司宛てに電話が入った。上司は出張中と伝えると，「先日の商談の返事を待っているのだが，何か言われていないか」と尋ねられた。Aは上司から何も聞いていないが，様子から商談はまとまりそうにないことが分かっている。このような場合，Aは取引先の部長にわびた後どのように言えばよいか。次の中から適当と思われるものを一つ選びなさい。

1）「よくは分かりませんが，この商談はまとまりそうもないような話をしておりました」
2）「大体決まっているようですので，山田が戻りましたら，ご連絡するよう申し伝えます」
3）「はっきりとは申し上げられませんが，様子からこの商談の成立は無理のように感じております」
4）「私は聞いておりませんので，山田が戻りましたらご返事をお待ちになっていると申し伝えます」
5）「山田から何も言われておりませんので，出張から戻り次第，商談の返事を確認してお電話を差し上げます」

3　難易度 ★★★☆☆　 できたら拍手! 視界良好　　チェック欄 □

　秘書Aは上司から，「T氏と面会したいので連絡を取ってもらいたい。急ぎで頼みたいことがある」と言われた。AがT氏の秘書に連絡したところ，T氏はこのところ忙しくてすぐには無理との返答である。このようなことにAはどのように対応すればよいか。次の中から適当と思われるものを一つ選びなさい。

1) T氏の秘書に，上司が直接お願いしたら受けてもらう余地がありそうか尋ねてみる。
2) T氏の秘書に，上司は急ぎで頼みたいことがあると言っているので何とかお願いできないかと言う。
3) 上司に，すぐには難しいということなので少し間を置いて連絡してみる，自分に任せてもらいたいと言う。
4) T氏の秘書に，忙しいのなら無理かもしれないが急ぎの用件のようなので自分から直接頼んでみてもよいか尋ねる。
5) 上司に，忙しくてすぐには無理と言われたが，依頼内容を伝えればこちらの事情を分かってもらえるのではないかと言う。

4　難易度 ★★★★★　😆 できたらスゴイ!! 太鼓判　　チェック欄 □

　秘書Aの上司（営業本部長）が外出中，営業部長が「明日の午前中に取引先に届けるのだが，今日中に本部長に見てもらえないか」と契約書を持ってきた。上司は間もなく戻る予定になっているが，その後も予定が詰まっていて，契約書に目を通す時間が取れるかどうか分からない。このような場合Aは，部長にどのように対応すればよいか。次の中から<u>不適当</u>と思われるものを一つ選びなさい。

1) 契約書を預かり，「本部長が外出から戻ったら連絡するので，直接部長から頼むか」と言う。
2) 契約書を預かり，「何とか見てもらうようにするが，部長に戻すのは明日の朝一番でもよいか」と尋ねる。
3) 契約書を預かり，「本部長に見せるとき，明日の午前中に部長が取引先に届ける契約書だと伝える」と言う。
4) 契約書を預かり，「今日は予定が詰まっているが，戻ったら先に見てもらえるように自分から頼んでみる」と言う。
5) 契約書を預かり，「本部長が戻ったらすぐに見せるが，今日中が難しいときは明日の何時までならよいか」と尋ねる。

1＝3）言葉遣いを注意されたBを指導するのは必要なことだが，客の目の前ですることではないので不適当。このような場合は，おろおろしているBに続けさせず，Aが代わって応対するのがよい。

2＝4）このような場合は，結果を知っていても知らないことにしておくのがよい。商談などはいろいろな事情によって決まるもので，結果だけで済むものではないからである。不成立を伝えるにもそれなりの伝え方があるのだから，秘書は関与しない方がよいということである。

3＝2）上司は急ぎで会いたい，T氏はすぐには無理と言っている。この場合のAの役割は，上司の意向を実現しようとすることである。となると，調整はT氏の秘書がするのだから，何とかお願いできないかと言って頼むのが適当な対応ということである。

4＝4）契約書を見る時間が取れるかどうか難しい状況でも，営業部長の意向に合わせて見てもらえるようにするのがAの役目。が，自分から頼んでみるなどと言うのは，秘書の立場をわきまえない言い方なので不適当である。

合否自己診断の目安

　正解率60％以上を合格の目安としてください。ここでは，4問出題したので，3問以上の正解でクリアです。

　ただし，「第1章　必要とされる資質」全体では，合計10問なので，6問正解でクリアとなります。

| 2　対人関係と社交 | 4問中　　問正解 | ●正解率＝　　　％ |

| 第1章　必要とされる資質（計） | 10問中　　問正解 | ●正解率＝　　　％ |

さて，これで第1章の「必要とされる資質」は終了です。
全部で10問ですが，6問以上正解できましたか？
ラクラクOK？
そう，その調子でどんどんクリアしていきましょう!!

第2章

職務知識

秘書の役割と機能

Lesson 1 ▶ 組織の中の秘書と秘書の分類

■これだけは押さえておきたい■
Key フレーズ 「秘書は上司を補佐する『スタッフ』である」

組織の機能は，企業の本来的な働きをするライン機能とそれを支援するスタッフ機能に分けることができます。秘書課(室)は，ラインであるトップマネジメント*を補佐するスタッフ機能を持つ部門であり，その中の秘書は上司を補佐する「スタッフ」ということになります。

☆ スタッフとしての秘書

組織には，一般に「ライン」と「スタッフ」という機能が存在します。組織で働く秘書は，その関係性をきちんと把握しておく必要があります。

◆ライン部門とスタッフ部門

ライン部門とは，業績に直接的に結び付く企業の本来的な活動をする部門のことで，仕入れ・製造・販売などの部門を指します。

一方スタッフ部門とは，ラインを支援し補佐する活動をする部門のことで，調査・研究に関する部門や総務課，人事課，秘書課(室)などの部門がこれに当たります。

ラインとスタッフ

◆秘書は上司を補佐するスタッフ

上司は，経営管理という企業になくてはならない機能を担い，直接的に企業の業績に結び付いて，「企業の期待に応える」立場にあります。秘書は上司が本来の仕事ができるように補佐する立場にあるので，スタッフ部門の一員になります。

スタッフは，支援し補佐する人や部門がなければ存在理由がありま

用語Check 【トップマネジメント】　企業の経営者層のことで，社長，副社長，専務，常務などを指す。

せん。「上司なくして，秘書なし」という言葉はそのことをよく示しています。

☆ 所属による秘書の分類

　秘書がどこに所属しているかによって，以下の四つに分類することができます。

◆個人付き秘書
　特定の個人に付く秘書。秘書はどの部門にも所属せず，個人に専属します。特定の上司一人に付き，命令系統が一つなので仕事の範囲がはっきりします。欧米の企業に多く採用されています。

◆秘書課秘書
　トップマネジメントに付く秘書。秘書課に所属し，秘書一人で複数の上司を補佐したり，チームで複数の上司を補佐したりします。秘書課に所属していても，実際には特定の上司に専属で付くケースがほとんどです。直属の上司は秘書課長になります。

◆兼務秘書
　ミドルマネジメント*に付く秘書。上司が統括する部門に所属し，部門内の業務をしながら，上司の補佐も兼務するというものです。

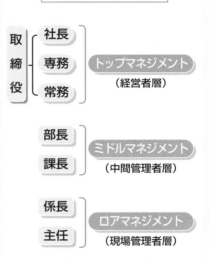

職能組織の構造

取締役 — 社長・専務・常務 ┃ トップマネジメント（経営者層）

部長・課長 ┃ ミドルマネジメント（中間管理者層）

係長・主任 ┃ ロアマネジメント（現場管理者層）

◆チーム付き秘書
　プロジェクトチームや研究部門などのチームに付く秘書。チームの運営を円滑にするために，チーム全体を補佐します。

用語 Check　【ミドルマネジメント】　部長，課長，支店長，工場長など中間管理職を指す。ちなみに，係長，主任などの管理職は，ロアマネジメント（現場管理職）という。

■これだけは押さえておきたい■
Key フレーズ　「秘書は上司を補佐する機能に基づき，役割を果たす」

秘書は上司の雑務や身の回りの世話を引き受けるという補佐機能を持ち，それに基づいて日程管理などの業務を行うという役割を担っています。

☆ 秘書の機能と役割

　　上司と秘書はそれぞれ異なる機能と役割を持っています。秘書はその違いと関わり方を正確に把握しておく必要があります。

◆秘書の機能と役割

　　秘書の「機能」は，上司が本来の仕事に専念できるように，雑務や身の回りの世話を引き受けて上司を補佐することです。「役割」は，その補佐機能に基づいて，日程管理や来客接遇などの業務を担うことですが，さらにその役割に基づいて，個々の細かい日々の仕事を行うことになります。例えば，日程管理では「面会予約の受け付け，取り次ぎ」「予定表の作成と記入」といった仕事を行いますが，秘書の役割や個々の仕事は，全て上司を補佐する機能がベースになっていることを理解しておかなければなりません。

◆秘書の「補佐機能」

　　上司は，経営管理を行う機能を担っています。それに基づいてさまざまな経営判断をしながら意思決定を行う役割を果たしていきます。

　　秘書は，そのような機能と役割を持つ上司を補佐する機能しか持っていません。従って，この点を正確に理解しておけば，「秘書が上司の本来の仕事を代行する」などという関係にはないことが分かるはずです。

))))))))))) **これは 間違い！** ((((((((((

> 上司から，「最近忙しいので，来客の用件によっては代理で応対してもらいたい」と言われましたが，「秘書は上司の代理をする立場にないので」と断りました。

間違いの理由

秘書は，上司を補佐する機能しか持っていないので，上司の代理をすることはできません。しかし，上司が忙しいなどの理由で代行業務を指示された場合は，それに応えなければなりません。上級秘書の場合，このような指示を受ける場合もあることを心得ておきましょう。

上司と秘書の違い

	機能	
経営陣の補佐 　事業方針に基づき，経営陣を側面から支える。		**上司の補佐** 　上司の雑務を代行し，上司が本来の仕事に専念できるよう，上司の手助けをする。
事業目標の達成を図る 　利益追求のために，部の課長に命じて事業目標の達成を図ること。	**役割**	**上司の期待に応える** 　日程管理，来客接遇，電話応対，出張事務などの各種業務を行う。
個々の仕事を遂行する 　決裁業務や会議への出席，部下への指示・取り引き先との交渉などの仕事をする。	**仕事**	**個々の仕事を遂行する** 　日程管理では，予定表の作成や日程変更の調整など，細かい仕事を遂行する。

上司（部長）・秘書

☆ 機能による秘書の違い

　機能上の違いから秘書を分けると，下記のように「直接補佐型秘書」と「間接補佐型秘書」に分けられますが，両者の大きな違いは代行権の有無です。企業の一般秘書は間接補佐型秘書であり，上司の本来の仕事の代行は一切できないということになります。

◆直接補佐型秘書

　参謀型秘書ともいい，専門知識を持つブレーンとして上司を補佐します。また，代行権を有し，上司の代理を務めたりします。

◆間接補佐型秘書

　副官型秘書ともいい，上司の雑務を引き受けて，上司が本来の仕事に専念できるように間接的に補佐します。

Lesson 3 秘書の職務における心構え

■これだけは押さえておきたい■
Key フレーズ 「進言は求められた場合にのみするのが鉄則」

上級秘書になると，上司に意見や感想を求められることがあります。そのときは，自分の立場をわきまえて進言します。ただし，自分から進言することは厳禁です。

☆ 秘書の仕事に対する基本姿勢

秘書は職務権限内において上司を補佐します。どのような場合でも，上司の代理を務めることはできません。スタッフとしての立場をわきまえ，その中で最善を尽くして補佐することを心得ておくべきです。次のようなことに留意します。

◆定型業務以外は，上司の指示や許可を受ける

あらかじめ上司と相談して仕事の進め方が決まっている定型業務以外の仕事は，必ず上司の承認を得てから行います。秘書の勝手な判断で進めてはいけません。

○○様が転任のあいさつにみえたのですが，部長が外出中なので，会っていただけますでしょうか。

◆上司不在時の対応を心得ておく

上司が出張や外出などで不在のとき，連絡が取れない場合に上司の判断が必要になったら，上司の代理（通常，上司のすぐ下の役職者）の人か秘書課長に相談して，指示を受けます。

◆主観的な解釈や感情に左右されない

雑務だからと軽んじたり，嫌な仕事を後回しにしたり，また，憶測に基づいて行動したりしてはいけません。

◆上司への進言

　基本的には，秘書が上司に対して忠告や進言をすることはありませんが，意見を求められた場合には，次のポイントを心得て進言します。

- ●健康・食事・服装については，失礼にならない言い方でアドバイスする。
- ●上司の勘違いやミスが直接上司や仕事に悪影響を与えそうな場合には，言葉遣いに注意して進言する。
- ●人物の評価を聞かれたら，個人的な感情を挟まずに事実だけを話すようにする。

◆新しい上司に対応する際の留意点

　人事異動で新しい上司に付く際は，次のようなポイントに留意します。

- ●上司の業務内容を把握する。
- ●上司の仕事の進め方を早く覚える。
- ●上司の人格的特徴を理解する。
- ●上司の人的なネットワークを把握する。
- ●秘書業務の進め方などについて上司の意向を理解する。
- ●仕事の進め方など前の上司と比較をしない。必ず新しい上司の意向に全面的に合わせる。
- ●前の上司の悪口を言わない。

◆上司の基本的な人物像を把握しておく

　秘書は，以下の範囲で上司について知っておく必要があります。

- ●仕事関係：主な仕事内容や職務権限,所属団体,人脈。
- ●生活環境：住所，利用駅，家族構成。
- ●人物特性：性格，趣味，好きなスポーツ，信条，好み，健康状態。

Let's Study！
よく出る問題

■適当＝○か不適当＝×か考えてみよう。

□　社内会議から戻ってきた上司（総務部長）にお茶を入れて持って行くと，「経理部長はせっかちだ。事前に打ち合わせてから意見を言えばよいのに」と独り言のように言った。会議で何かあったらしい。そこで「今後のこともあるので，経理部長にそうおっしゃったらいかがですか」と上司の言葉に応じた。

解説：秘書は上司の仕事の内容について意見する立場にない。このような場合は上司の気持ちが落ち着くように「いろいろ大変でございますね，冷めないうちにどうぞ」などさりげない態度で対応するのがよい。
解答＝×

連絡用に，上司の携帯電話の番号も控えておく必要があります。ただし，携帯の番号や家の電話番号は，どんなに緊急の場合でも取引先などに教えてはいけません。秘書が仲介して連絡します。

4 秘書の職務限界と守秘義務

■これだけは押さえておきたい■
Key フレーズ　「秘書は上司の本来の仕事の代行はできない」

秘書は上司を補佐する機能を持っていますが，取引先と面談をしたり会議に出席するなど上司本来の仕事を代行することはありません。

☆ 上司の代行は越権行為* となる

　秘書は，上司の機能や役割を代行することはできません。秘書が代行できるのは，上司の雑務に関することだけです。業務に慣れて，上司の仕事の仕方が分かってくるようになると，上司が留守で緊急の場合など，ついこのことを忘れがちになるので注意が必要です。

　なお，次のようなことは越権行為です。

- ●上司の代理として各種行事に参加する。
- ●決裁書，稟議書などに押印する。
- ●上司に代わって取引先などと面談をする。
- ●上司に無断でスケジュールを変更する。
- ●上司に無断で面会予約を受ける。
- ●上司の部下に指示をする。
- ●上司に無断で会合などの案内の出欠を決める。
- ●取引先への贈答を秘書の名前でする。

Let's Study!
よく出る問題

■適当＝○か不適当＝×か考えてみよう。

□ 業界団体の事務局から，「部長（上司）に委員会の案内状を渡してあるが，期日を過ぎてもまだ出欠の返事をもらっていない。準備の都合で明朝までにほしい」という電話を受けた。上司は出張中で連絡も取れない。そこで「上司が出席しないと，何か差し支えることがあるか」と尋ね，差し支えがあれば出席にしてもらうことにした。

解説：上司が出席しないと差し支えがあることであっても，上司に確認せず出席にしてしまうというのは不適当である。

解答＝×

これは 間違い！

上司は，○○会の会合の案内にはいつも欠席の返事を出しています。今回も案内が来たのですが，長期出張中だったので，欠席に○をして出しておこうと思います。

❌ 間違いの理由

いつも欠席をしているからといって秘書が勝手に判断してはいけません。長期出張でも，連絡を取る機会はあるはずです。そのときに確認を取るようにします。

用語 Check　【越権行為】　許されている権限を越えた事を行うこと。

☆ 上司の仕事や私事に立ち入らない

◆上司の仕事に立ち入らない

　秘書は，上司の仕事に立ち入ったり，差し出がましいことを言ってはいけません。次のようなことは禁止事項です。

- ●上司の仕事の詳細な内容まで知ろうとする。
- ●上司の仕事に必要以上の口出しをする。
- ●上司不在時に，上司の代わりに決裁印を押す人を決めておいてほしいと頼む。
- ●上司が離席する場合，行き先を必ず告げるように頼む。

◆上司の私事に立ち入らない

　上司の私事については仕事に必要な範囲で知っておく必要がありますが，深く立ち入るようなことをしてはいけません。次のようなことのないよう注意しましょう。

- ●上司の私的な行動を知ろうとする。
- ●上司の私事に対し必要以上に強い関心を持つ。

Let's Study！
よく出る問題

■適当＝○か不適当＝×か考えてみよう。

□　出社すると，上司が急病で入院したという連絡が上司の家族からあったと伝言を受けた。そこで，上司のスケジュールで当面差し支えのありそうな予定について，課長に指示を仰いで処理した。

解説：上司の入院によって，スケジュールで当面差し支えのありそうなものについては課長の指示を受けて処理することが秘書の役目である。

解答＝○

☆ 機密を漏らさない

　社員には職務上知った機密を漏らさない守秘義務があります。特に秘書は，企業の上層部と接する機会が多く，重要な機密を知る立場にもあるので，細心の注意を払うことが要求されます。

　また秘書は仕事上，上司のプライバシーも知る立場にありますが，公表されている以外の個人情報を軽々しく話すようなことをしてはいけません。親しい同僚と話をする際など，うっかり口をすべらせて漏らしたりしないようにくれぐれも注意します。

じつはね
〇〇部長…

1 | 難易度 ★☆☆☆☆ | できないと キビシ〜!! | チェック欄

　秘書Aは上司（営業部長）から，「取引先J社営業課のT課長が近々退職するといううわさを聞いたが本当だろうか。だとすると今の仕事に影響があるかもしれない」と尋ねられた。このような場合，Aは上司にどのように言って対応するのがよいか。次の中から不適当と思われるものを一つ選びなさい。

1) J社の営業部長秘書にならざっくばらんに話ができるので，電話で聞いてみようか。
2) 今の仕事に影響があるとなると，J社を担当しているGに伝えて確かめてもらおうか。
3) 課長同士でT課長とつながりがあるかもしれないので，うちの課長から聞いてもらうのはどうか。
4) うちの課員の中で誰か聞いている人がいるかもしれないから，課長から当たってみてもらおうか。
5) うわさなら本当かどうか分からないのだから，関係する人にメールで一斉に確認するのはどうか。

2 | 難易度 ★★☆☆☆ | できないと アヤウイ! | チェック欄

　山田常務秘書A（中村）は昼過ぎに社長から，「3時に外国から客が来るが，秘書が不在なので応対を頼む」と言われた。Aは語学が堪能なため指名されたようだ。上司は外出中で3時過ぎに戻る予定である。そこでAは不在中の対応を同僚Bに頼み，上司の机上にメモを残すことにした。このような場合のメモを書きなさい（留守中の報告に関することは書かなくてよい）。

3　難易度 ★★☆☆☆ できないと アヤウイ!　　チェック欄

　秘書Aの上司はパソコンの操作で分からないことがあるとすぐAを呼ぶが，Aが忙しいときは十分な対応ができない。次はこのことについてAが考えたことである。中から<u>不適当</u>と思われるものを一つ選びなさい。

1）説明は今しなければ差し障りが出ることだけにし，関係のないことには触れないようにしておこうか。
2）自分が対応できないときはパソコンに詳しい同僚Bに代わりを頼んでもよいか，上司の了承を得ておこうか。
3）その都度説明はするが十分な対応ができないこともあるので，まとめて説明する時間を設けようかと上司に話してみようか。
4）今までの説明を文章や図などにしたものを上司に渡しておき，同じような疑問についてはそれを見れば分かるようにしておこうか。
5）上司は今操作中のことに関して聞きたいのだから，説明中は自分宛ての電話や用件は取り次がないよう周囲の人に頼んでおこうか。

4　難易度 ★★★☆☆ できて ひとまずホッ!!　　チェック欄

　秘書Aの上司（企画部長）が外出中に広報部長から，「今度の火曜日の夜にK社との会食があるが，部長に同席してもらえないか」と尋ねられた。Aは上司から，その日は恩師との約束があり早退すると聞いている。このような場合Aは，上司の外出を伝えた後どのように言うのがよいか。次の中から<u>不適当</u>と思われるものを一つ選びなさい。

1）終業時間後の予定までは把握していないので，確認して連絡する。
2）その日は夜までふさがっているが，会食を優先できるか聞いてみる。
3）上司に伝えるので，会食ではどのような話をするのかを教えてもらいたい。
4）その日は早退することになっているので，返事は保留にさせてもらいたい。
5）火曜日の夜は恩師と約束があると聞いているので，念のため課長の予定を確認しておこうか。

秘書Aの上司（部長）のところへ，転勤で勤務地が近くなった友人のL氏がよく訪ねてくるようになった。度重なるので上司も困っていてどうしたものかとAに話しかけてきた。このような場合，Aは上司にどのように言うのがよいか。次の中から不適当と思われるものを一つ選びなさい。

1）来るときは連絡をもらいたいと，部長からL氏に話してみてはどうか。
2）L氏の次の転勤までのことと割り切って，しばらく付き合ってみてはどうか。
3）L氏は友人なので，忙しいときは断ったとしても失礼にはならないのではないか。
4）不意に来てもらっても会えないことがあるので，事前に連絡をもらえないかと私から言ってみようか。
5）L氏が来社したとき部長が忙しくしていたら，私からそのことを話して引き取ってもらうようにしようか。

6 難易度 ★★★☆☆ できたらスゴイ!! 太鼓判 チェック欄

部長秘書Aが出社すると業界紙の記者から，「部長へ申し込んだ取材の返事を昨日もらうことになっていたが，どうなったか」と電話があった。受けたのはCだというので，電話を保留にしてCに尋ねると，Aに伝えるのを忘れていたと言う。上司は出張しているが夕方には連絡が取れる。このような場合，記者に返事が遅れていることを謝った後どのように対処すればよいか。順を追って箇条書きで答えなさい。

1＝5）仕事に影響があるかもしれないということだから，誰かに尋ねて確かめることになる。が，退職は人の身の上のことだから，誰に聞くか慎重に選ばないといけない。関係する人にメールで一斉に確認するなどは，不用意な聞き方で不適当ということである。

2＝【解答例】右図参照。
【解説】メモなので文書の書式にこだわらなくてよいが，不在にする理由とその間の対応をBに頼んだことは簡潔に書かないといけない。また，上司が読むものだから丁寧さは必要である。

> 山田常務
>
> 　お疲れさまです。
> 　社長のご指示で，3時に来客の応対をすることになりました。
> 　不在中の秘書業務はBさんに頼みました。
> 　ご不便をおかけしますがよろしくお願いいたします。
>
> 　　　　　　　　　　　　　　　　　中村

3＝5）上司が今操作中のことに関して聞きたいとしても，電話や用件に対応することが本来の秘書の仕事。それを，説明中は取り次がないようにと頼むなどは，本来の仕事を軽んじていることになるので不適当ということである。

4＝5）会食の日は恩師との約束で早退予定だが，会食は仕事上のことだから判断するのは上司。従って，課長の予定を確認するなどは出過ぎたことで不適当。なおこの場合は，上司と同じ部長からの依頼で夜の時間帯であることと恩師との約束だから，それを言うのは気遣いになる場合もある。

5＝2）上司がL氏の来訪の多さに困って，Aに相談するように話しかけてきたのである。Aとしては，上司がなるべくL氏との接触が少なくなるようなことを提案しないといけない。しばらく付き合ってみてはどうかは，現状と同じということ。解決にはならないので不適当ということである。

6＝【解答例】1．記者に，今日の夕方まで返事を待ってもらう。　2．Cに，取材について詳細を尋ねる。　3．上司に，夕方の連絡の際に伝えて意向を尋ね，記者に返事をする。
【解説】上司は出張しているが夕方には連絡が取れるのだから，記者にはそれまで返事を待ってもらうことになる。取材についての詳細はCが知っているのだから尋ねて，記者に返事するまでを，順を追って答えればよい。

合否自己診断の目安

　正解率60％以上を合格の目安としてください。ここでは，6問出題したので，4問以上の正解でクリアです。

1　秘書の役割と機能	6問中　　問正解　●正解率＝　　　　％

さて，この「秘書の役割と機能」で4問以上正解できましたか？
難易度★★レベル以下は確実にクリアしておかないと厳しいですよ。

2 秘書の職務

Lesson 1 ▶ 定型業務

Key フレーズ 「定型業務は，秘書の判断で進める」

定型業務は，前もってどのようにするかを上司と相談して決めておくので，その方針に沿って，秘書の判断で進めて構いません。しかし，判断がつかない場合は上司に相談します。

☆ 秘書の担当業務

上級秘書は，新人の指導も行います。

◆日程管理
- ●面会予約の取り次ぎ。
- ●予定表の作成・記入。
- ●予定の変更に伴う調整や上司，関係先への連絡。
- ●上司予定の確認。

◆来客接遇
- ●来客の受付と案内。
- ●来客接待（茶菓のサービス）。
- ●上司不在中の応対。
- ●見送り。

◆電話応対
- ●上司にかかってくる電話の応対。
- ●上司がかける電話の取り次ぎ。
- ●上司不在中の電話応対と報告。
- ●問い合わせへの応対。

◆環境整備
- ●上司の執務室や応接室の清掃・整理整頓。
- ●照明，換気，温度調節，騒音防止への配慮。
- ●備品・事務用品の整備・補充。

◆出張事務
- ●宿泊先の手配。
- ●交通機関の手配。
- ●旅程表の作成。
- ●関係先との連絡・調整。
- ●旅費関係の経理事務。

◆文書事務
- ●文書の作成，文書の清書。
- ●社内・社外文書の受発信事務。
- ●文書や資料の整理と保管。

◆会議・会合
- ●案内状の作成・通知。
- ●資料の作成・配布。
- ●会場設営と受付。
- ●茶菓・食事の手配と接待。
- ●議事録の作成。

◆経理事務
- ●経費の出金事務，精算事務。
- ●諸会費の納入事務（上司加入の社外団体の会費など）。

◆交際
- ●冠婚葬祭に関する庶務。
- ●中元・歳暮など贈答品の手配。

◆情報管理
- ●社内外からの情報収集と報告。
- ●機密の保持。
- ●マスコミ関係者との折衝・対応。

◆上司の身の回りの世話
- ●車の手配。
- ●お茶や食事のサービス。
- ●健康状態への配慮。
- ●嗜好品，常備品の管理。
- ●私的な出納事務・交際の世話。

2 非定型業務

Key フレーズ ｜ 「非定型業務は，上司に相談して指示を得る」

毎日の決まった仕事を行う定型業務に対して，突然の来客や緊急の仕事，予期せぬ事態の発生に対応するのが非定型業務です。このようなときは，必ず上司の指示や判断を仰いで，冷静に対処しなければなりません。

☆ 非定型業務に対する秘書の対応

　秘書は，突発的な事態や緊急の仕事など，非定型業務にも冷静に処理していく能力を要求されます。どのような場合でも適切に対応できるように，あらゆる事態を想定して，取るべき行動，対処法を確認しておくことが大切です。

◆予定外の来客	●来客に緊急度を確認。 ●上司への取り次ぎと指示に従った対応。 ●上司不在中の来客への対応。
◆不意の出張・残業	（通常の出張業務に加え） ●スケジュール調整。 ●連絡先の確認。
◆上司の急病	●主治医や病院への連絡，救急車の手配。 ●応急手当て。 ●自宅，会社の担当者への連絡。 ●スケジュール調整。

予約なしでみえた初対面のお客さまへの対応は次のようにします。
①会社名・氏名・用件を聞く。
②さらに名刺をもらって確認する。
③上司の在否は伝えない。
④上司にその客の用件を伝え，上司の意向に従う。

◆上司の交通事故	●自宅，担当部署へ連絡。 ●軽い事故は運転手に一任。 ●大きな事故は会社の担当者に連絡。 ●スケジュールの調整。
◆災害	●人命尊重の徹底。 ●来客優先の避難誘導。 ●消防署など社内外への連絡や通報。 ●（上司の指示を受け）重要品の持ち出し。
◆盗難	●被害の確認。 ●上司，総務部への連絡。 ●警察への通報。
◆不法侵入者	●強引なセールス，不意の陳情者，脅迫・暴力行為への対処。 ●場合によっては警備室や警察への連絡。
◆上司交替への対応	●新任秘書への引き継ぎ。 ●前任秘書からの引き継ぎ。
◆新人秘書の指導	●上司の意向を聞きながら指導。

大変です，怪しい人が!!

慌(あわ)てないで!!
冷静に，落ち着いて対処しましょう。

● 45 ●

3 効率的な仕事の進め方

Key フレーズ 「仕事の定型化・標準化は仕事の効率化の手段」

仕事を効率的に進めるためには，最適な手段・手順を探し出し，それを定着させる必要があります。仕事の定型化や標準化は仕事の効率化を図る有効な手法なのでよく理解しておきましょう。

☆ 仕事を合理化する

仕事を効率よく進めるためには，日常の仕事を定型化（パターン化）したり，標準化するなどの工夫が大切です。

◆フォーム化・リスト化して仕事を標準化する

仕事の流れに沿って仕事内容を標準化していくと，仕事の効率化を図ることができ，更に仕事の漏れを防ぐことができます。例えば，出社・退社時に点検すべきこと，会議の開始から終了までにやるべき仕事をチェックリストにまとめておくといったことです。他の人に頼む場合でも，このリストがあれば容易にカバーできます。

◆書類をすぐに利用できるように整理しておく

秘書はさまざまな文書を必要に応じてすぐに取り出せるようにしておきます。これをファイリングと言います。ファイリングの仕方についてはこのあと第5章で詳しく述べます。上司から言い付かった書類がどこにあるか分からず，それを探すために長時間待たせることがないように，文書は常に整理しておきます。

◆担当以外の業務を知る

自分の担当以外の仕事をある程度理解しておくことは，仕事の幅を広げるだけでなく，チームワークを保つためにも役立ちます。例えば，忙しくて手伝いを頼む場合，その人の仕事内容を知っていると，頼みやすい時期や時間帯などが分かるからです。

◆マネジメント的発想を持って仕事をする

マネジメント的発想とは，仕事を成し遂げるための全体計画や仕事の進め方（優先順位など），仕事に要する時間や費用をトータルに把握しようという考え方です。秘書業務においても，常にマネジメント的発想を心がける必要があります。

☆ 時間配分を考え，仕事の優先順位を決める

　仕事は優先順位を考えて進めることが大切ですが，そのためには，各仕事の所要時間も事前に把握しておく必要があります。

◆時間配分を考える

　仕事には必ず締め切り時間があります。仕事の種類ごとに所要時間を把握しておき，時間内に仕事が完成できるように，適切な時間配分を考えることが大切です。

◆優先順位を決める

　一定期間に複数の仕事をする場合は，重要度，緊急度，時間の制約などを考えて優先順位を判断します。判断に迷う場合は独断で進めず，上司に確認します。

第２章　職務知識

☆ 空いた時間を有効利用する

　仕事が一段落したときなど，時間にゆとりができたら，忙しいときにはできなかった仕事を処理するように心がけます。

- ●名刺・書類・ファイル・資料などの整理・整頓。
- ●住所録・名簿などのチェックと訂正。
- ●新聞・雑誌などの収集した情報の整理。
- ●統計資料など各種資料の作成。
- ●上司の業務に関する幅広い知識の吸収。
- ●ＯＡ機器の勉強（特にパソコンの表計算ソフトや文書編集ソフトなどの研究）。

　秘書Aの上司が取締役に就任することが決まり，取引先にあいさつ回りをすることになった。次はAが上司から，その準備をするように指示されて行ったことである。中から<u>不適当</u>と思われるものを一つ選びなさい。

1）新しい役職の名刺を，あいさつ回りに間に合うように急いで手配した。
2）あいさつ回りをする取引先のリストを作り，運転手と相談してスケジュールを作成した。
3）社内の関係者と取引先に，上司のあいさつ回りの順番を連絡した。
4）あいさつに行く取引先についての情報を，担当者から集めて整理し，上司に渡した。
5）あいさつ回りで留守にするときの，業務代行者を上司に確認した。

　秘書Aの上司が出張から戻って出社した。Aは早速，留守中の報告を行い今日のスケジュールを確認したが，この後上司の出張に関してどのようなことをすればよいか。箇条書きで三つ答えなさい。

3　難易度 ★★☆☆☆　😖 できないと アヤウイ!　　　チェック欄

　秘書Aが出社すると上司（山田部長）からメール（枠内）が届いていた。昨日の月曜午後9時に送信されたものである。次はこのメールを読んで，火曜日の上司の予定についてAが行ったことである。中から<u>不適当</u>と思われるものを一つ選びなさい。

> 本部長からの指示で急に出張することになった。
> 出張は内密にするように。
> 水曜は朝から出社する。
> 留守中よろしく頼む。

1）出席予定の取引先のパーティーは，課長に代理出席してもらいたいと頼んだ。
2）決裁をすることになっていた書類は，都合で水曜にしてもらいたいと担当者に連絡した。
3）本部長も出席予定の部長会議は，担当部長の秘書に理由は言わず上司が欠席するとだけ伝えた。
4）面会予約の客は，来訪を待って急用で会えなくなったとわび，都合のよい日時を二，三聞いた。
5）出席予定の取引先の新商品説明会は，出席できなくなったので資料だけ送ってもらいたいと連絡した。

4　難易度 ★★★☆☆　😯 できて ひとまずホッ!!　　　チェック欄

　秘書Aの上司が外出中，上司の友人に紹介されたというM氏が，ある団体を設立するので上司に発起人になってもらいたいと言って来訪した。このような場合，Aはどのようなことを確認すればよいか。次の中から<u>不適当</u>と思われるものを一つ選びなさい。

1）返事の期限。
2）M氏の連絡先。
3）趣意書はあるか。
4）M氏と友人との関係。
5）発起人になったときのメリット。

1＝3）あいさつ回りの順番は，こちらの事情で決めるもの。外部に連絡すれば，こちらの取引状況などの内部事情が分かってしまう。社内の関係者に連絡するのは当然だが，取引先に連絡するなどは不適当ということである。

2＝【解答例】1．持ち帰った資料や名刺を整理する。　2．領収書などを預かり出張費用の精算をする。　3．上司が戻ったことを社内の関係者に連絡する。
【解説】解答例の他に，「出張先で世話になった人への礼状を，上司に尋ねて出す」「出張報告書の作成を必要があれば手伝う」などもよい。

3＝4）面会予約のあった客に急用と言ってわび，都合のよい日時を二，三聞くのは適切な予約変更の仕方である。が，それはすぐに電話ですべきこと。来訪を待ってするなどは，客に無駄足を踏ませることになり不適当ということである。

4＝5）このような場合Aは，M氏と友人との関係やM氏の連絡先など事務的なことを確認すればよい。発起人になったときのメリットなどは立ち入ったこと。秘書が確認するようなことではないので不適当である。

➤➤➤➤➤➤➤➤➤ 合否自己診断の目安 ◄◄◄◄◄◄◄◄◄

　正解率60％以上を合格の目安としてください。ここでは，4問出題したので，3問以上の正解でクリアです。

　ただし，「第2章　職務知識」全体では，合計10問なので，6問正解でクリアとなります。

| 2　秘書の職務 | 4問中 | 問正解 | ●正解率＝ | ％ |

第1章　必要とされる資質（計）	10問中	問正解	●正解率＝	％
第2章　職務知識　　　　（計）	10問中	問正解	●正解率＝	％
第1章　第2章（計）	20問中	問正解	●正解率＝	％

さて，第2章の問題10問のうち，6問以上正解しましたか？　また，第1章と第2章の合計20問で60％の12問の壁を突破できましたか？　厳しい人は，理論領域の最後の第3章「一般常識」で頑張りましょう!!

一般知識

企業と経営

Lesson 1 経営と資本および会社の種類

これだけは押さえておきたい Keyフレーズ 「日本の会社のほとんどは株式会社」

会社法の施行により，これまでの有限会社は，「特例有限会社」に変更になりました。特例有限会社は，実質的には株式会社として扱われるので，日本のほとんどの会社が株式会社ということになります。

☆ 資本と経営の分離

以前は，大株主が経営者であることが多かったのですが，現在では少なくなっています。企業が規模を拡大してさまざまな事業を展開するようになると経営も複雑化してきます。そうなると経営の専門家が求められるようになり，次第に資本と経営が分離してきたのです。

経営と資本が分離した段階では，株主は会社の最高意思決定機関である株主総会で，企業の経営を経営者に委託します。

☆ 株式会社

小規模の会社から中堅企業・大企業まで，多くの会社が株式会社になっています。

株式会社には，次のような特徴があります。

◆株式会社の概要

株式会社とは，株式を発行して事業資金を集め、利益を追求する会社のことです。従って，株式会社は有限責任[*]の株主で構成されます。また中堅・大企業の経営は専門家(経営者)に任せることが多く，経営者は従業員や機械，土地などを確保して生産，販売活動を行います。

【有限責任】　出資しただけの責任しか負わないこと。会社が倒産したときは株式の価値は無価値となるが，出資分の責任だけは負うこと。

◆株式会社の設立

設立者のことを発起人といいます。発起人は一名以上が必要で，会社の組織や運営などに関する基本規則を定めた定款を作成します。また，設立には発起人が全株式を引き受ける発起設立と，発起人が一部だけ引き受け，残りを引き受ける人を公募する募集設立とがあります。

◆株式

出資者(株主)にさまざまな権利を保証する出資証券のこと。株主の権利としては，株主総会での議決権，配当を受ける権利，株式を売買する権利などがあります。株式市場に株式を公開している会社を上場会社といい，誰でも自由にその会社の株式を売買することができます。

☆ その他の会社

会社法の施行により，それまで会社の大半を占めていた有限会社の制度は廃止されました。従って会社法施行後は，新規に有限会社を設立することはできなくなり，それまでの有限会社は株式会社として存続するようになりました（この会社を特例有限会社といいます）。特例有限会社は会社法上は株式会社ですが，混乱を避けるために，商号にはこれまで通り「有限会社」の名称を使用するようになっています。

また，会社法の制定により，「合同会社」という会社が新設されました。従って株式会社以外の会社としては，「合名会社」「合資会社」「合同会社」の３形態が存在することになります。

◆合名会社，合資会社

合名会社は社員(出資者)が会社経営に無限の責任を負います。合資会社は無限責任社員と有限責任社員とから構成されます。両方とも資本金の制約はありません。

◆合同会社

有限責任社員で構成され，会社内部の組織運営を定款で自由に決めることができます。また，出資割合に関係なく，貢献度の高い者には高い配当を与えるなど，利益配分を自由に設定できるという特徴があります。

■これだけは押さえておきたい■
Key フレーズ 「株式会社の最高意思決定機関は株主総会」

会社の定款の変更や取締役の選任・解任など会社の運営の根本的なことは，株主総会で決定されます。株主総会で選任された取締役は，取締役会で実質的な会社運営に関する方針を決定し，会社運営を行います。

☆ 株式会社の主な機関

株式会社は次の機関によって，会社の意思決定をしたり，会社運営をしています。

◆株主総会

株主総会は株式会社の最高議決機関で，定時株主総会と臨時株主総会があります。定時株主総会は，1年に1度，決算後3カ月以内に，臨時株主総会は必要に応じて開催され，取締役・監査役の選任・解任，予算・決算の承認，定款変更，増資などを議決します。

◆取締役会

取締役会は3人以上の取締役で構成され，代表取締役の選任・解任，新株発行の決定，株主総会の招集などを議決します。

◆代表取締役

会社を代表する権限を持った取締役で，大企業では，代表取締役会長，代表取締役社長など複数います。

なお，会長，社長，専務，常務などの肩書は，商法上の名称ではありません。

会社法施行後，株式会社でも株式譲渡制限会社の場合は，取締役会の設置は任意となります。また，取締役会を置かない場合は，取締役の人数は最低1名でもよいことになっています。

Let's Study!
よく出る問題

■適当＝○か不適当＝×か考えてみよう。
□①株主総会は，年に1回だけ開催される。
□②代表取締役副社長という肩書はない。
□③常務会は，会社法に規定されていない会議である。

解説：①通常年に1回開催されるが，これを定時株主総会と呼び，臨時に開催されるのを臨時株主総会という。従って，年に1回とは限らない。
解答＝×
②代表取締役は1名以上何人いてもよく，大会社などには，代表取締役社長のほか代表取締役副社長などの肩書を持つ人がいる。
解答＝×
③会社法上の会議ではない。
解答＝○

◆監査役

監査役とは会社が適法に運営されているかどうかをチェックする機関で，会社の財務状況を監査する「会計監査権限」と取締役の職務執行の監査をする「業務監査権限」を有しています。

☆ 企業の階層別管理と主な組織

企業は，組織の拡大化や複雑化に対応するために，以下のように管理の分散をしたり，新たな組織を立ち上げたりします。

◆階層別管理

経営管理を階層別に分散させ，効率的な経営を行います。

● トップマネジメント

取締役以上の役員を指す。会社経営の基本方針や目標を決定して指揮する経営者層のこと。

● ミドルマネジメント

部長や課長などの中間管理職を指す。

● ロアマネジメント

係長や職長などの現場管理職を指す。

◆状況に応じた組織の構築

企業は，さまざまな状況に対応して新たな組織をつくります。

● 事業部

製品・地域・市場ごとに独立編成された組織のことで，事業運営に関する権限を有し，目標と成果に責任を持つ。事業部制度を徹底して法的にも独立した会社にすると分社ということになる。

● プロジェクトチーム

新規事業を起こすときなどに一時的，短期的に構成されるチーム。

☆ ライン部門とスタッフ部門

組織を大別すると，ライン部門とスタッフ部門に分かれます。

● ライン部門とは，製造部，仕入部，営業部，販売部など会社の利益実現に直接的に関係する部門のこと。

● スタッフ部門とは，ライン部門を援助する部門のことで，総務部，経理部などがこれに当たり，秘書課（室）もここに属する。

第3章 一般知識

3 経営戦略と経営分析

Key フレーズ 「経営戦略とは企業の核となる計画体系である」

企業は，より多くの利益を上げ，成長していくことを目標に活動しています。そのためには，現況の経営分析を行い，中・長期的な展望に立った経営戦略を持つことが必要になってきます。

☆ 経営戦略

　企業は，発展・成長するために，また厳しい状況を脱却して競争に勝ち抜くために，企業の核となる計画体系を構築します。これが企業の経営戦略で，以下のような項目が鍵となります。

◆全般的な経営に対するもの

●イノベーション
　　技術革新，新機軸の意味。独自の技術を生み出し，革新的な商品開発，市場開発，組織づくりなどを行うこと。

●CI政策
　　CIとはコーポレート・アイデンティティーの略。CI政策とは企業の目標・理念を明確化する戦略。企業の独自性を打ち出し，イメージを内外に定着化させるために，社名やマークのデザインなどを統一する広報活動。

●社内ベンチャー
　　ベンチャー（ビジネス）とは新規事業。新規事業の開発を行う社内組織のこと。

●日本的経営
　　日本的経営の特徴は，①年功序列，②終身雇用と定年制，③企業別労働組合，④生活共同体的色彩，⑤稟議制度などである。近年は日本的経営の短所が問題になっている。

●リストラ
　　リストラクチャリングの略。不採算部門を縮小したり廃止して，時代が要求する新規事業に乗り出すなど事業の再構築を図ること。

Let's Study!
よく出る問題

■適当＝○か不適当＝×か考えてみよう。
□①社是とは，その会社の就業規則などを定めたものである。
□②会社の中期計画とは，半年ごとに定める経営計画のことである。
□③経営の多角化とは，国内だけでなく多くの国に経営拠点を置いていくことである。

解説：①社是とはその会社の経営の基本方針を定めたもの。このほか経営の基本理念を定めたものを経営理念などという。
解答＝×
②中期計画とは，3〜5年程度の期間を目標とした経営計画のことである。これに基づいて，各年度の計画が立てられる。
解答＝×
③経営の多角化とは，一つの業種だけでなく，多業種に経営を展開していくことである。
解答＝×

◆生産販売に対するもの

●差別化戦略

　　自社の製品やサービスを他社と差別化して独自性を創造する戦略。

●スケールメリット

　　大量生産・販売を実現することで，コスト削減が図られること。

●テイラーシステム

　　標準作業量と標準時間を設定し，達成度合いに応じた賃金を支払うという経営管理方式。

◆社会に対するもの

●コンプライアンス経営

　　コンプライアンスは法令順守と訳されるが，企業が法を守るのは当然のことである。コンプライアンス経営とは，法を守るだけでなく，消費者や利害関係者に対して，企業としての倫理基準や行動規範を守った経営を行うということである。

☆ 経営分析

　企業経営が順調に行われているかどうかは，下記の要素を調べることで判断できます。

●財務分析

　　財務諸表から企業の収益性や安全性，成長性などの投資価値や企業の財政状態を分析すること。分析の指標としては，株価収益率（株価を1株当たりの純利益で割った値），資本利益率（利益を資本で割った値），資本回転率（売上高を資本で割った値），売上利益率（利益を売上高で割った値），自己資本率（資本に占める自己資本の割合）などがある。

●付加価値

　　売上高から原材料など外部購入費を差し引いたもので，値が大きいほど業績がよいことになる。付加価値は，人件費として従業員に，配当金として株主に，税金として社会に分配されることになる。

●労働生産性

　　従業員一人当たりの付加価値額のことで，（売上高－外部購入費）÷従業員数で表される。一人当たりの付加価値額は大きければ大きいほど好ましい。

Lesson 4

簿記と会計

■これだけは押さえておきたい■ Keyフレーズ

「企業会計は，最終的に財務諸表で示される」

企業会計とは，企業の支払いや取引状況などを記録することです。複式簿記によって記録された帳簿は，最終的には企業の財務を表す財務諸表として出資者などに公表されます。その代表的なものが貸借対照表と損益計算書です。

☆簿記

簿記とは，企業における取引を一定のルールに従って記録・計算・集計するものです。最終的には，その一連の帳簿記入の手続きによって財務諸表といわれる書類を作ります。簿記に関しては，以下のようなことを理解しておきます。

◆簿記の原理

企業が行う取引は「簿記」という記入原則に従って会計帳簿に記入します。また簿記では全ての取引を資産・負債・純資産（資本）・費用・収益の五つの要素に分けて記入・計算します。

◆簿記の種類

簿記には，家計簿のようにそのときの現金の残高を知ることを目的とした単式簿記と，「売上があった」ので「現金が増えた」というように取引内容の原因と結果を記録して財政状態を把握する複式簿記があります。企業では複式簿記を用います。

◆勘定科目と貸方・借方

取引を区分する単位が勘定科目で，「現金」「売上」「借入金」「会議費」「交際費」「福利厚生費」など数多くあります。また，帳簿の左側を「借方（かりかた）」，右側を「貸方（かしかた）」といいます。上記の「売上があった」ので「現金が増えた」という取引は，下図のように記帳します。

借　方	貸　方	金　額
現　金	売　上	2,800,000

◆帳簿の種類

主要簿には仕訳帳・元帳があり，補助簿としては現金出納簿・売上簿などがあります。

☆ 企業会計

　企業会計とは，企業の諸活動における支払いや取引を記録し，最終的には企業の財務状態を示す財務諸表を作成することです。企業会計については，以下の項目を理解しておきます。

◆企業会計原則

　企業会計原則とは，適正な企業会計を行うための原則で，真実性や明瞭性を求める一般原則のほか，損益計算書原則，貸借対照表原則の三つの原則があります。

◆財務諸表

　企業の財政・経営状態を示す書類で，代表的なものが貸借対照表（B/S＝Balance Sheet），損益計算書（P/L＝Profit and Loss Statement），キャッシュフロー計算書，および株主資本等変動計算書です。

　貸借対照表とは，決算日など，企業の一定時点における財務状態を表したもので，資産・負債・純資産を一覧表示します。

　損益計算書とは，決算期間など，企業のある一定期間の収益から費用を差し引いて，経営成績を示したものです。損益計算書によって，その期間に企業がどれくらい利益を得たのか，あるいは損失を出したのかが一目で分かります。

　キャッシュフロー計算書とは，一定の会計期間における企業の資金の流れ（増減）を明らかにした計算書で，「営業活動」「投資活動」「財務活動」ごとに区分して表示します。

　株主資本等変動計算書とは，会社の純資産の変動を表す計算書のことです。貸借対照表や損益計算書だけでは，資本金などの数値を連続して把握することが困難なことがあります。そこで会社法では，この計算書の作成を義務付けるようになりました。

◆減価償却

　建物，設備，車両などの資産について，その耐用年数に応じて価値が減少した相当額（減価）を費用として計上すること。

◆棚卸し

　製品・商品などの在庫量を帳簿と照合して把握し，把握した商品の数量を金額に換算すること。

5 企業の税務

■これだけは押さえておきたい■
Key フレーズ 「企業の所得（利益）には法人税が課せられる」

企業が支払う主な税金には，法人税，法人住民税，事業税，消費税などがあります。このほか，固定資産税や自動車税，印紙税などさまざまなかたちで税金を払っています。

☆ 税金の種類

税金は，国税と地方税に分けて体系化すると以下のようになります。また，税金は納税義務者と税を負担する者が一致する直接税と，一致しない間接税とに大別されます。例えば，間接税である消費税は消費者が負担しますが，納税義務者は企業などの事業者となります。一方，所得税などの直接税は税の負担者が納税義務者となります。

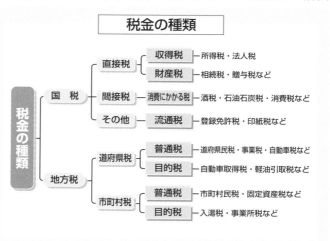

税金の種類

税金の種類	国税	直接税	収得税	所得税・法人税
			財産税	相続税・贈与税など
		間接税	消費にかかる税	酒税・石油石炭税・消費税など
		その他	流通税	登録免許税・印紙税など
	地方税	道府県税	普通税	道府県民税・事業税・自動車税など
			目的税	自動車取得税・軽油引取税など
		市町村税	普通税	市町村民税・固定資産税など
			目的税	入湯税・事業所税など

これは間違い！

所得税は，税の負担者は社員ですが会社が納税しているので，間接税だと思います。

間違いの理由

会社は税務署に代わって徴収しているだけで（「税金に関する用語」参照），納税義務者はあくまでも従業員です。従って，税負担者と納税義務者は一致しているので直接税になります。

☆ 企業の経費と税金

以下のようなものは全てが経費となるわけではありません。

●交際接待費

　企業活動上必要とされる交際や接待に使う費用のこと。企業規模により限度額がある。

●寄付金

　資本金と利益の額に応じて上限が設定されていて，それを超えると課税される。

●使途不明金

　使い道が不明な費用，あるいは機密費など使用目的を明らかにできない費用。全額が課税の対象となる。

☆ 税金に関する用語 ＊理解したらチェックしよう

□ 印紙税……………証書・帳簿などを作成するものに課せられる税金。収入印紙を消印して納税する。

□ 確定申告…………前年分の所得と税額の申告。企業の場合は，決算日から2カ月以内に法人税を税務署に申告しなければならない。

□ 源泉徴収…………税務署に代わって企業などが税金を徴収し，税務署に納付すること。

□ 事業税……………事業を行う法人，個人に課せられる地方税。

□ 消費税……………物品やサービスの消費に課せられる間接税。

□ 所得税……………個人の所得に課せられる国税。

□ 直間比率…………直接税と間接税の比率。

□ 年末調整…………毎月の給与から源泉徴収されている所得税額の過不足を1年の最後に精算すること(給与所得者の場合)。

□ 法人税……………法人の所得（利益）に課せられる国税。

□ 累進課税…………課税対象となる金額が大きくなればなるほど，高い税率になっていく課税方式。

1 難易度 ★☆☆☆☆ できないと キビシ～!! | チェック欄

次は職業名の説明である。中から不適当と思われるものを一つ選びなさい。

1)「税理士」とは，納税事務の代行や税務相談などを職業とする人のこと。
2)「弁理士」とは，特許や意匠などの出願手続きの代行を職業とする人のこと。
3)「公証人」とは，損害賠償に関する損害額の査定などを職業とする人のこと。
4)「行政書士」とは，官公庁に提出する書類の作成，手続きの代行を職業とする人のこと。
5)「社会保険労務士」とは，社会保険事務の代行，相談，指導などを職業とする人のこと。

2 難易度 ★★☆☆☆ できたら拍手! 視界良好 | チェック欄

次の「　」内は下のどの用語の説明か。中から適当と思われるものを一つ選びなさい。

「その会社の理念や経営方針，行動規範などを述べたもので，経営者や社員の精神的な支柱となる基本方針」

1）定款
2）内規
3）公告
4）約款
5）社是

3　難易度 ★★☆☆☆　😊 できたら拍手! 視界良好　　　チェック欄 ☐

　次は，人事に関する用語の説明である。中から<u>不適当</u>と思われるものを一つ
選びなさい。

1)「解任」とは，今の任務を辞めさせること。
2)「重任」とは，複数の役職を兼任すること。
3)「留任」とは，今の任務をそのまま続けること。
4)「赴任」とは，新しい勤務地に向かって行くこと。
5)「辞任」とは，自分から申し出て任務を辞めること。

4　難易度 ★★★☆☆　 できて ひとまずホッ!!　　　チェック欄 ☐

　次は用語とそれに関係する機関について述べたものである。中から<u>不適当</u>と
思われるものを一つ選びなさい。

1)「厚生年金」の取り扱いは，「市区町村役場」が行っている。
2)「上場会社」の株式は，「証券取引所」で売買が行われている。
3)「失業保険」の受給には，「ハローワーク」への申請が必要となる。
4)「登録商標」とは，「特許庁」に登録されて商標権が発生している商標のこ
　とである。
5)「確定申告」とは，納税者が1年間の所得と税額を「税務署」に申告するこ
　とである。

第3章 一般知識

次のそれぞれの説明は何のことを述べているか。 ☐☐ 内に漢字を1文字ずつ書き入れて答えなさい。

1）株式会社が資金調達のために発行する債券
＝ ☐☐☐

2）商品やサービスを提供したがまだ対価を受け取っていない金額
＝ ☐☐金

3）固定資産の価値の減少分を決算期に費用として計上すること
＝ ☐☐償却

次の用語の中から，「収入印紙」とは関係のないものを一つ選びなさい。

1）消印
2）税金
3）請求書
4）郵便局
5）領収書

1＝3)「公証人」とは，民事に関する事実を公に証明できる権限を持つ公務員のことである。

2＝5)

3＝2)「重任」とは，職務の任期満了後，引き続きその職務に就くことである。

4＝1)「厚生年金」の取り扱いは,「年金事務所（日本年金機構）」が行っている。

5＝1) 社債　2) 売掛・未収　3) 減価

6＝3)「収入印紙」は，国庫収入となる租税や手数料などを徴収するために政府が発行する証票のこと。印紙は郵便局などで購入し，5万円以上の領収書には貼って消印する。選択肢の中で関係ないのは「請求書」ということである。

合否自己診断の目安

正解率60％以上を合格の目安としてください。ここでは，6問出題したので，4問以上の正解でクリアです。

1　企業と経営	6問中 ☐ 問正解 ●正解率＝ ☐ ％

さて，いよいよ理論領域最後の第3章です。最初の「企業と経営」の成績はどうでしたか？
第3章の「一般知識」は，知っていれば簡単な問題ですが，「知らなければどうにもならない」ことが分かったでしょう。できなかった人は，幅広い知識を身に付けるようにしましょう。

Lesson 1 経済と金融

経済は常に変動しています。経済活動の勢いがよいときを好況，勢いが悪いときを不況といい，そのことを「景気がいい，悪い」という言葉で表現したりします。そして，経済の状態を測る指標の代表的なものが国内総生産です。

☆ 経済・財政に関する用語 ＊理解したらチェックしよう

- □ 財政 …………政府が行う経済活動のこと。税金や国債などの収入を元に，教育や福祉のサービス，道路や空港の建設など，国民生活の基本を支える経済活動を財政という。
- □ 経済指標……消費者物価上昇率や失業率，株価などその国の経済状況を示す指標の総称。代表的な指標がＧＤＰ(国内総生産)。ＧＤＰは、ある一定期間に国内で生産された財・サービスの合計を表す。
- □ 景気の循環…景気は常に好況（拡張），後退，不況（収縮），回復のサイクルで上昇と下降を繰り返している。景気循環には短期変動，中期変動，長期変動がある。
- □ 経済のV字回復…急に落ち込んだ経済が急速に回復すること。
- □ 家計 …………政府，企業と並ぶ経済主体の一つである。労働，資産運用，事業などで所得を得，納税，消費，貯蓄を行う。
- □ 可処分所得…一般に手取り収入のことで，所得から税金，社会保険料などを引いた残りの金額を可処分所得という。世帯が自由に使うことができるお金の総額。消費されなかった可処分所得は貯蓄や投資に回る。
- □ 資産所得……所得税法による利子所得，配当所得，不動産所得のこと。
- □ 資産効果……株や不動産などの資産価値が上昇することで消費が増大するなど，経済に及ぼす波及効果のこと。
- □ 資産デフレ…株や不動産などの資産価値が減少し続けること。
- □ 公共投資……政府が道路，港湾，橋，ダム，病院など社会資本の整備に支出すること。雇用の促進，地域経済の活性化につながる。
- □ 設備投資……新しく機械を購入したり，工場，オフィスなどを建てること。
- □ 在庫投資……企業が前期に比べて在庫水準を増減させること。増加させるのをプラスの在庫投資，減少させるのをマイナスの在庫投資という。
- □ 住宅投資……新しく住宅を建設するための支出のこと。住宅支出は経済への波及効果が大きいため投資支出とみなしている。

金融に関する用語 ＊理解したらチェックしよう

- □ 日本銀行……… 日本国の中央銀行のこと。日銀は略語。日本銀行には，①紙幣を発行する「発券銀行」，②金融機関とだけ取引する「銀行の銀行」，③政府の出納を一手に引き受ける「政府の銀行」という三つの特性を有している。
- □ 公開市場操作… オープン・マーケット・オペレーションともいう。日銀が市中の通貨流通量を調節する目的で，金融市場で国債や手形などの売買を行うこと。通貨の量が過大なときは債券類を売却して（売りオペレーション）市場から資金を吸い上げ，逆の場合は債券類を買い付けて（買いオペレーション）市場に資金を放出する。
- □ 金融機関……… 銀行，郵便貯金，保険会社，証券会社などの総称。
- □ 証券市場……… 東京証券取引所など株式の売買を仲介する証券取引所のこと。
- □ 上場会社（じょうじょう）……… 東京証券取引所など証券市場でその株が売買されている株式会社のこと。
- □ 国債 ………… 国が発行した債券。元利金の支払いを国が保証する，最も信用度の高い安全な債券。
- □ CP ………… 企業や金融機関が短期資金調達を目的に公開市場で振り出す短期・無担保の約束手形のこと。コマーシャルペーパーの略。
- □ キャピタルゲイン… 株などの有価証券や不動産の値上がりによる評価益，あるいは，それらの取引による売買益のこと。
- □ 投資 ………… 金融用語としては，利益を得る目的で，事業や株式などの有価証券に資金を投じること。
- □ 投機 ………… 思惑によって，金融商品などの相場の変動による差益の獲得を目的に行う取引行為のこと。
- □ M&A ………… 合併や買収によって他の会社を支配すること。
- □ TOB ………… 株式の公開買い付け。買付期間，買い取り株数，買い取り価格を公告して，株式市場外で不特定多数の株主から買い集める制度のこと。
- □ MBO ………… 経営陣が自社の株式を取得して経営権を得ること。

第3章　一般知識

これは間違い！

 株式会社は，株式市場に上場しているので，誰でもその株を買うことができ，株主になることができます。

間違いの理由

 株式会社は全て上場しているわけではありません。上場するには一定の上場基準を満たしていることが必要です。また，大企業でも株式を上場していない企業もあります。

2 企業と経済の国際化

Key フレーズ 「日本経済に影響を及ぼすアメリカ経済」

> 企業の業績は国内の景気だけでなく，海外の経済の動向に大きく左右されます。特に日本経済はアメリカ経済に大きな影響を受け，「ドル」に対する「円」の為替相場の動きやアメリカの金利動向などに敏感に反応します。

☆ 企業の国際化

　企業活動を国外で行う会社が激増しています。これは日本のみならず，先進国共通の現象です。特に近年では高度経済成長を続ける中国への進出は目を見張るほどです。また，日本へはアメリカをはじめとする外国資本による日本企業のM&A（合併・買収）や業務提携がしばしばマスコミの話題になるなど，まさにボーダレス（国境のない）経済が急速に進行しています。

　企業の国際化に関しては，以下のようなことを知っておきます。

◆企業の国際化

　企業の国際化とは，他国で企業活動を行うことです。その大きな理由は魅力ある海外市場への進出と人件費の削減です。他には海外資本の取り込みや税法上の恩恵などがあります。

◆現地法人

　海外進出した企業が，現地の法制度に従って会社設立した企業を現地法人といいます。

◆多国籍企業

　巨大な資本力を有し，複数の国で生産・販売を行う大規模企業のことです。

☆ 貿易に関する用語 ＊理解したらチェックしよう

- □ 国際収支 ……国際間の経済取引を記録したもので，経常収支と資本収支からなる。経常収支には貿易収支，貿易外収支などがあるが，貿易収支の黒字，赤字が両国間の問題になる。
- □ 外需 …………国外需要のこと。単に財やサービスの「輸出」を指すこともあるが、国内総生産（GDP）の構成要素として用いる場合は、輸出から輸入を引いた「純輸出」を指す。
- □ 為替レート …自国通貨と外国通貨の交換比率のこと。
- □ 為替差益 ……円と外貨のレートの差で生じた利益のこと。逆が為替差損。
- □ 変動相場制 …外国為替市場で取り引きされる通貨の交換比率（為替レート）を市場の需要と供給によって自由に変動させる制度のこと。
- □ 円高・円安 …円の価値が上がるのを円高といい，海外から物品を購入する輸入産業は有利になる。円安はこの逆。
- □ 関税障壁 ……国内産業を保護するために輸入品に課税（関税）して輸入制限を図ること。
- □ WTO ………世界貿易機関。貿易自由化を推進するための国際機関。
- □ FTA …………自由貿易協定。関税や数量制限など貿易の妨げとなる障壁をなくし，自由貿易を促進しようという二国間以上の協定。
- □ EPA …………経済連携協定。FTAの協定要素に加え，人の移動，投資，政府調達など貿易以外の分野を含めた包括的な協定のこと。
- □ TPP …………環太平洋連携協定，または環太平洋パートナーシップ協定。加盟国間で取引される全品目の関税を撤廃したり，サービス，投資の自由化を進めるというもの。

第3章　一般知識

これは 間違い！

間違いの理由

「円高・ドル安」などと言いますが，ドルに対して円が100円から120円になると円高で，逆に100円が80円になれば円安になるということだと思います。

円高とは，円の価値が上がることをいいます。その逆が円安です。例えば，1ドルが100円だったのが1ドル80円になれば，これまで1ドルの品物を100円で買っていたのが80円で買えることになります。その分円の価値が上がったことになります。逆に，1ドル120円になれば，1ドルの品物を120円出さないと買えないことになり，円の価値が下がったので円安ということになります。

1ドル＝80円　　→　1ドルの商品を
　↑ 円高　　　　　　80円で買う。
1ドル＝100円　→　1ドルの商品を
　↓ 円安　　　　　　100円で買う。
1ドル＝130円　→　1ドルの商品を
　　　　　　　　　　130円で買う。

3 企業人としての基本用語

Key フレーズ 「上司の雑談に対応できる用語を知る」

上級秘書ともなると，知的会話を求められる場面も少なくありません。企業人として，政治・経済の基本用語や話題になりそうな時事用語などを理解しておきたいものです。

☆ 常識としての基本用語 ＊理解したらチェックしよう

- ☐ 行政改革 ……… 行政の組織・制度を抜本的に見直し，スリムで効率的なものに再構築しようという取り組み。
- ☐ 規制緩和 ……… 経済の活性化を図るため，さまざまな規制を緩めること。
- ☐ 財政赤字 ……… 国の年間支出である歳出が年間収入である歳入を超過する財政状態。
- ☐ デフレ ………… デフレーションの略。物の値段が下がり続けること。
- ☐ デフレスパイラル… デフレによる物価下落→企業収入の減少→従業員の給与の削減や失業の増加→消費の減衰→さらに物価が下落する…という連鎖的な悪循環のこと。
- ☐ 決算公告 ……… 利害関係者や一般の人に会社の財務状況を開示すること。
- ☐ 連結決算 ……… 子会社や関連会社を合わせてする決算のこと。
- ☐ 粉飾決算 ……… 実際より過大に，あるいは過小に見せかけた決算のこと。
- ☐ 損益分岐点 …… 利益の発生と損失の発生の分かれ目となる売上高のこと。
- ☐ 粗利益 ………… 売上高から原価を差し引いた金額のこと。
- ☐ 減価償却 ……… 固定資産の価値の減少分を費用として計上すること。
- ☐ 含み資産 ……… 取得時の価格より時価の方が高い場合，その差額をいう。
- ☐ 貸し倒れ ……… 貸付金や売掛金が回収できず損失となること。
- ☐ 引当金 ………… 「貸倒引当金」など，将来発生する可能性が高い支出を想定して用意しておく金額のこと。
- ☐ IR ……………… 株主や投資家に対して，投資判断に必要な情報を公平公正に提供していく活動全般をいう。
- ☐ レアアース …… ネオジムなど希土類元素の総称。安定確保が日本の重要課題。
- ☐ レアメタル …… リチウムなどの希少金属の総称。世界規模で争奪戦が激化。
- ☐ ブログ ………… 継続的に更新される日記形式のホームページのこと。
- ☐ ツイッター …… ブログとメールの中間的な位置づけのインターネットを利用したコミュニケーションツール。ユーザー同士が140文字以内の短文をリアルタイムで投稿，閲覧できるというもの。
- ☐ フェイスブック… インターネット上で人と知り合う場所を提供するシステムをSNS（ソーシャル・ネットワーク・サービス）というが，その一つで，世界規模で展開されている。原則として実名登録というのが特徴。

☆ カタカナ用語 *理解したらチェックしよう

- □ アウトソーシング… 外部調達。外注。
- □ アップツーデイト… 最新の状態にしていること。
- □ アナリスト…… 分析家。
- □ イニシアチブ… 主導権。
- □ イノベーション… 技術革新。
- □ インセンティブ… 意欲刺激。奨励金。
- □ エキスパート… 専門家。
- □ エグゼクティブ… 経営幹部。
- □ エコノミスト… 経済学者。経済の専門家。
- □ オール・オア・ナッシング… いちかばちか。
- □ オファー……… 申し込み。申し出。
- □ オプション…… 選択権。自由選択。
- □ キーマン……… 中心人物。
- □ キックバック… 割戻金。
- □ ギブ・アンド・テーク… 持ちつ持たれつ。
- □ キャパシティー… 能力。受容力。
- □ ケーススタディー… 事例研究。
- □ ケース・バイ・ケース… 事情に応じて問題処理すること。
- □ コーディネーター… まとめ役。調整役。
- □ コストパフォーマンス… 費用に対する満足度の評価。
- □ コミットメント… 責任を伴う約束。
- □ コラボレーション… 共同制作。合作。
- □ コンシェルジュ… 案内人。世話係。
- □ コンシューマー… 消費者。
- □ コンセンサス… 合意。
- □ コンプライアンス… 法令順守。
- □ コンペティション… 競争。競技会。
- □ シチュエーション… 状況。局面。立場。
- □ スーパーバイザー… 監督者。
- □ ステータス…… 地位。身分。
- □ ステークホルダー… 企業の利害関係者。
- □ ステップ・バイ・ステップ… 一歩一歩着実に。
- □ セーフティーネット… 安全網。安全策。
- □ セレクション… 選択。選抜。
- □ ソリューション… 問題解決。
- □ セキュリティー… 安全。防犯。
- □ ダンピング…… 商品を不当に安く売ること。
- □ ネガティブ…… 否定的。消極的。
- □ ネゴシエーション… 交渉。取り決め。
- □ バイオテクノロジー… 生命工学。
- □ ハイリスク・ハイリターン… 損失の危険が大きいほど高い収益が期待できること。
- □ バリエーション… 多様性。
- □ ビジネスモデル… 利益を生みだす手法の基本形。
- □ フィフティー・フィフティー… 五分五分。
- □ プライオリティー… 優先権。
- □ ブレーン…… 頭脳。
- □ フレキシブル… 柔軟なさま。融通の利く。
- □ ペナルティー… 罰。罰金。
- □ ペンディング… 保留。
- □ ポジティブ…… 肯定的。積極的。
- □ モチベーション… 動機付け。
- □ ライフサイクル… 商品が生まれてから衰退するまで。
- □ ランニングコスト… 維持経費。
- □ リスクヘッジ… 危険回避。
- □ レイオフ……… 一時解雇。

第3章 一般知識

これは 間違い！

スケールメリットとは, ある商品市場の大部分が少数の会社に占められていることだと思います。

間違いの理由

❌ スケールメリットとは, 大量生産, 大量仕入など, 規模が大きいほどコスト（費用）安となるように, 規模の大きさによる経済有利性のことをいいます。

1 難易度 ★☆☆☆☆ できないと キビシ〜!!　　　　　チェック欄

次は用語とその意味の組み合わせである。中から<u>不適当</u>と思われるものを一つ選びなさい。

1) サンプリング　　　　　　＝　新規開拓
2) イノベーション　　　　　＝　技術革新
3) セールスプロモーション　＝　販売促進
4) スクリーニング　　　　　＝　ふるい分け
5) マーチャンダイジング　　＝　商品化計画

2 難易度 ★★★☆☆ できて ひとまずホッ!!　　　　　チェック欄

次の用語の意味（訳語）を漢字で書くとどうなるか。　⬚⬚の中に1文字ずつ書き入れて答えなさい。

1) エージェント　＝　⬚⬚⬚
2) デベロッパー　＝　⬚⬚⬚
3) クライアント　＝　⬚⬚⬚
4) エコノミスト　＝　⬚⬚⬚⬚

3　難易度 ★★★☆☆ できて ひとまずホッ!!　　チェック欄

　次は用語とその説明の組み合わせである。中から<u>不適当</u>と思われるものを一つ選びなさい。

1）アウトソーシング　＝　会社業務の一部を外部に委託すること。
2）ランニングコスト　＝　新規事業を開始するまでにかかる初期費用のこと。
3）ライフサイクル　　＝　商品が出現してから売れなくなるまでの過程のこと。
4）スケールメリット　＝　規模が大きくなることによって得られる利点のこと。
5）キックバック　　　＝　売上高などに応じて支払われる手数料や割戻金のこと。

4　難易度 ★★★★☆ できたら拍手! 視界良好　　チェック欄

　次の説明は何のことを述べているか。適切な用語をカタカナで答えなさい。

1）新製品などを新聞や雑誌の記事として扱ってもらう宣伝方法のこと。
2）欠陥のある製品などを生産者が回収し，無料で修理などをすること。
3）商品購入などの契約を，一定期間内であれば解約できる制度のこと。

1＝1）「サンプリング」とは，標本の抽出のことである。

2＝1）代理人　2）開発者　3）依頼者　4）経済学者

3＝2）「ランニングコスト」とは，設備や経営などを維持していくために必要な経費のこと。2）の説明は，イニシャルコストのことである。

4＝1）パブリシティー　2）リコール　3）クーリングオフ

合否自己診断の目安

　正解率60％以上を合格の目安としてください。ここでは，4問出題したので，3問以上の正解でクリアです。

　ただし，「第3章　一般知識」全体では，合計10問なので，6問以上の正解でクリア，また，「理論領域」全体では，合計30問なので，18問以上の正解でクリアとなります。

2　経済知識と基本用語	4問中	問正解 ●正解率＝	％

第1章　必要とされる資質（計）	10問中	問正解 ●正解率＝	％
第2章　職務知識　　　（計）	10問中	問正解 ●正解率＝	％
第3章　一般知識　　　（計）	10問中	問正解 ●正解率＝	％

理論領域（合計）	30問中	問正解 ●正解率＝	％

これで，理論領域は終了です。
合計30問中，60％以上がクリアですから18問正解していれば，理論領域合格の目安となります。17問以下しか正解しなかった人は，実技領域の点数に関係なく不合格です。何とかクリアしました?!
では，実技領域へ進みましょう!!

第**4**章

マナー・接遇

SECTION 1 人間関係と話し方

Lesson 1 人間関係の重要性

☆ 個人と集団の関わり方

　ハーバード大学の臨床心理学者メイヨーらによるアメリカのウエスタン・エレクトリック社ホーソン工場での実験で，労働者の生産性は合理的作業環境だけでなく人間関係の要素が大きく関与していることが分かりました。それまでの経営ではテイラー（アメリカの能率技師）による「科学的管理法*」が主流でしたが，この実験の成果により，経営者は職場での人間関係を重視するようになりました。

　現在では，カウンセリング制度や職場懇談会を導入するなど，よりよい人間関係を構築するための取り組みが，ビジネスのあらゆる場面で行われています。

◆機能によって大別される集団の種類

　メイヨーらが重視したのは，企業内の非公式集団の人間関係でした。人間関係をより深く理解するためには，まず個人と集団の関わり方について知っておく必要があります。

一次的集団	家族・親族・友人・近隣集団など結び付きが強い集団。
二次的集団	企業・労働組合・政治団体など利害関係によって意識的につくられる集団。
公式集団	公的な規範を持ち，地位・役割・権限が明確な集団。企業や官公庁など。フォーマル・グループともいう。
非公式集団	公式集団が持つ特性を持たない集団。小規模企業，同好会・同僚，友人など。インフォーマル・グループともいう。

用語 Check　【科学的管理法】　労働者の能率を増進するため，無駄を排除し，作業法則・順序・性質などを科学的に研究した管理法。

マズローの欲求段階説と人間関係

アメリカの心理学者マズローは，人間の欲求には段階があると提唱し，企業の人事管理にも大きな影響を与えました。

マズローの欲求段階説の③「集団への帰属と愛情の欲求」，④「他人から認められたい欲求」は，職場での人間関係がいかに重要かを示しています。

マズローの欲求段階説

⑤自己実現の欲求
（自己の可能性を伸ばす）

④自我の欲求
（尊厳と自尊心の欲求）
（他人から認められたい欲求）

③社会的欲求
（集団への帰属と愛情の欲求）

②安全の欲求
（生理的欲求の満足を維持）

①生理的欲求
（生命維持の睡眠・食事）

秘書と人間関係

◆対上司

仕事上の限られた範囲内で上司を理解するのではなく，生活環境や人物特性も含めて理解し，全体像を把握するよう努めます。また，コミュニケーションを密にし，一歩先を読んだ行動が取れるように心がけます。このほか，上司のプライドを保持すること，プライバシー保護に努めることなどが求められます。

◆対後輩・同僚秘書

後輩秘書に対しては，まとめ役としてリーダーシップを取ったり，よきアドバイザーとして的確な指導をするように努めます。同僚秘書に対しては，よきライバル心を持ちつつ，協力し合える関係を築く努力が求められます。

◆対社外

節度をもって接し，会社や上司にプラスになる人間関係を維持しなくてはなりません。

Let's Study!
よく出る問題

■適当＝○か不適当＝×か考えてみよう。

□ 他部署の秘書Bから，「新人に仕事の指導をすることになったが，どのようにすればよいか」と尋ねられたので，「早く仕事を覚えてもらうためには，最初に，仕事の仕方は一度しか教えないと言っておくのがよい」と話した。

解説：一度しか教えないことにすると，教えられたことを忘れてしまったらその先に進めない。そうなると，早く仕事を覚えることもできない。結局，覚えるまで何回も教えることが新人への指導ということになるので，このような助言は不適当。

解答＝×

第4章 マナー・接遇

2 敬語

「敬語は上位の人と対等に話す働きを持つ」

敬語を用いると，相手との間に地位の差，年齢の差，先輩と後輩の差，売り手と買い手などの差がある場合でも，対等に話すことができます。それは，敬語が話し手と相手の差を埋め，調整する働きも持っているからです。

☆ 尊敬語の表現

尊敬語とは動作をする人に敬意を表す表現です。尊敬語にする基本は，動詞の語尾を「れる・られる」にすることですが，相手に対してより強い敬意を表現する場合には「お～になる，ご～なさる」という形にします。

「れる・られる」型	「お～になる」，「ご～なさる」型 ＝より強い敬意を表現する
帰られる	お帰りになる
利用される	ご利用なさる

☆ 尊敬語の独特な表現 ＊マスターしたらチェックしよう

尊敬語には，次に示すように，独特の言い方をするものがあります。

通常語	尊敬語	通常語	尊敬語
□ する	なさる	□ 来る	いらっしゃる おみえになる
□ 言う	おっしゃる		
□ 食べる	召し上がる	□ 訪ねる	いらっしゃる
□ 見る	ご覧になる	□ 気に入る	お気に召す
□ 聞く	お聞きになる	□ 死ぬ	お亡くなりになる
□ いる	いらっしゃる	□ もらう	お受けになる
□ 行く	いらっしゃる		

☆ 謙譲語の型と独特な表現 *マスターしたらチェックしよう

　謙譲語とは，自分や自分の側の動作をへりくだることで相手を高める敬語表現です。謙譲語の基本は「お(ご)〜する，お(ご)〜いたす」「お(ご)〜いただく，お(ご)〜願う」「〜ていただく」などの形をとりますが，次のように独特な表現をするものもあります。

通常語	謙譲語
□ する	いたす
□ 言う	申す
□ 与える	差し上げる
□ 食べる	いただく
□ 見る	拝見する
□ 聞く	伺う，拝聴する
□ いる	おる
□ 行く	参る，伺う
□ 来る	参る
□ 訪ねる	お邪魔する，伺う，参上する
□ もらう	頂戴する，頂く，賜る
□ 借りる	拝借する
□ 知る	存じ上げる
□ 見せる	お目にかける，ご覧に入れる
□ 会う	お目にかかる

Let's Study! よく出る問題

■適当＝○か不適当＝×か考えてみよう。
□①氏名と住所の記載を頼むとき，「こちらにお名前とご住所をお書きしていただけますか」と言った。
□②Y部長の伝言を伝えるのに，「Yから，あいにく留守にするのでよろしくと承っております」と言った。
解説：①「お書きして」は「お書き」または「書いて」になる。
解答＝×
②「と承っております」は，「とのことでございます」になる。
解答＝×

部長の鈴木がお目にかかりたいと申しておりました。

正しい敬語表現です。敬語の独特な言葉がすぐ使えるようになると，応対にも自信が持てるようになります。

3 丁寧な話し方・接遇用語の基本

Key フレーズ 「接遇用語は応対をスムーズにする」

接遇用語は，電話や来客への対応をスムーズにするだけでなく，相手に対する対応が口先だけでなく，自然に誠意がこもったものになります。

☆ 接遇用語の基本 ＊マスターしたらチェックしよう

ビジネスの場では，お客さまなどに対して用いる言い方があり，これを接遇用語と言います。接遇用語の基本としては，次のようなものがあります。

◆前置きの言葉

- ☐ 失礼ですが
- ☐ 相済みませんが
- ☐ 申し訳ございませんが
- ☐ ご面倒ですが
- ☐ 恐れ入りますが
- ☐ せっかく〜（ですが）

◆改まった言い方

普通の言い方	改まった言い方
☐ 今	ただ今
☐ 後で，また	後ほど，改めて
☐ ちょっと	少々，しばらく
☐ 何でも	何なりと
☐ これからも	今後とも
☐ こんど（今度）	このたび

◆肯定の返事，否定の返事

肯定の返事	否定の返事
☐ さようでございます	☐ 〜ではございません
☐ かしこまりました	☐ 存じません
☐ 確かに承りました	☐ 分かりかねます
☐ 承知いたしました	☐ 〜いたしかねます

☆ 人などの呼び方 ＊マスターしたらチェックしよう

　自分側と相手側を言う場合の決まった言い方があります。

相手側を言う場合

□ あなた　　あなたさま，そちらさま

□ 職名　　　○○部長，○○さま

□ 社名　　　○○社さま，○○銀行さま

□ 先方の会社　御社，そちらさま

私，
秘書の○○と
申します。

自分側を言う場合

□ 私，当方　私（わたくし），私（わたくし）ども

□ 職名　　　部長の○○，（単に）○○

□ 自分の会社　私（わたくし）どもの会社，当社

Let's Study! よく出る問題

■適当＝○か不適当＝×
か考えてみよう。

□①外出中の上司（田中）
を尋ねてきた客に，
「田中部長は今出かけ
られておりますが，
いかがいたしましょ
うか」と言った。

□②代わりに用件を聞く
ときに，「代わりに
ご用件をお承りいた
しますが」と言った。

解説：①「田中部長」を
「田中」に，「今」は「た
だ今」に，「出かけられ
て」は「出かけて」に
なる。
解答＝×

②「お承りいたしますが」
は，「承りますが」にな
る。
解答＝×

4 状況に応じた接遇用語

Key フレーズ 「接遇用語はキーワードで覚える」

接遇用語を覚えるときは，「失礼ですが」「あいにく」，「わざわざ」，「分かりかねます」などのキーワードを押さえておくことです。キーワードが頭に入っていると，その後の言葉も意外とスムーズに出てくるものです。

☆ 接遇に関する「お（ご）」の使い方

「お（ご）」には次のような使い方があります。

- ●敬意を表して付ける……………お考え，お名前，ご出席，ご意向。
- ●慣用として付ける………………おはようございます，お疲れさま。
- ●相手に関係するものに付ける……お手紙，お礼，ご返事。

☆ 場面に応じた接遇用語 ＊マスターしたらチェックしよう

接遇用語は，状況に応じて適切に使うことが大切です。ここでは，以下のような場面での代表的な例を示しました。

◆受け付け，取り次ぎの際の言い回し

□ いらっしゃいませ。

□ お待ちいたしておりました。

□ 失礼ですが，どちらさまでいらっしゃいますか。

□ 失礼ですが，お名前はどのようにお読みするのでしょうか。

□ どのようなご用件（ご用向き）でしょうか。

□ 少々お待ちくださいませ。

□ 大変お待たせいたしました。

Let's Study!
よく出る問題

■適当＝○か不適当＝×か考えてみよう。

□①上司（山田）から電話をもらいたいと言う客に「かしこまりました。山田が戻りましたら，お電話するように申し上げます」と言った。

□②上司（佐藤）を名指しで訪ねてきた客に，「佐藤をお訪ねですね。失礼ですがどちらさまでございますか」と言った。

解説：①「申し上げます」は「申し伝えます」になる。
解答＝×

②「ございますか」は，「いらっしゃいますか」になる。
解答＝×

◆案内，見送りの際の言い回し

□ お待たせいたしました。

□ ご案内いたします。

□ どうぞ，こちらへ。

□ おかけになってお待ちくださいませ。

□ ○○は，ただ今こちらへ参ります。

□ ごめんくださいませ。

□ 失礼いたします。

□ お気を付けて，お帰りくださいませ。

お待たせいたしました。
どうぞ，こちらへ。

◆上司不在時や面会を断るときの言い回し

□ あいにく，ただ今席を外しておりますが……

□ ただ今〜しておりまして，誠に恐れ入りますが〜。

□ わざわざお越しいただきましたのに，誠に申し訳ございません。

□ 後ほど改めて〜いただけませんでしょうか。

□ ご用件は確かに申し伝えます。

◆判断できないことを尋ねられたときの言い回し

□ 私では分かりかねますので，担当者を呼んでまいります。

□ 担当の者に問い合わせまして，後ほど〜いたします。

□ 上司に確認しましてから〜いたしますが，いかがでしょうか。

Let's Study!
よく出る問題

■適当＝○か不適当＝×か考えてみよう。

□①もう一度来てくれないかと言うときに，「もう一度ご足労できませんでしょうか」と言った。

□②分からないので代わりの者でよいかと言うときに，「私では分かりかねますので，代わりの者でよろしゅうございますか」

解説：①「できません」は「願えません」になる。

解答＝×

②解答＝○

第4章 マナー・接遇

担当の者に
問い合わせまして
後ほど
ご返事いたします。

適切な接遇用語です。
接遇用語は，覚えてしまうと，いろいろと応用が利きますね。

5 上司に対する話し方

Key フレーズ ｜ 「上司を促すときは『お願いする言い方』にする」

上司が出かける時間になって，秘書が注意を促すときは，「お時間になりましたので，お願いできますでしょうか」などという言い方をします。また，上司の意向を確認するときは「いかがでしょうか」を使います。

☆ 上司に対する敬語表現 ＊マスターしたらチェックしよう

上司に対する敬語表現の主な用例は以下のようなものです。

普通の言い方	敬語表現
□ 分かりました。	かしこまりました。
□ この書類を見てください。	こちらの書類をご覧いただけますでしょうか。
□ いつまでに用意したらいいですか。	いつまでにご用意すればよろしいでしょうか。
□ 昼食はこっちで食べますか。	ご昼食はこちらで召し上がりますか。
□ 聞きたいことがありますが，今いいですか。	お聞きしたいことがございますが，ただ今よろしいでしょうか。

かしこまりました。

よろしく頼む。

☆ 上司に伝言を伝える敬語表現 　*マスターしたらチェックしよう

普通の言い方	敬語表現
□ 明日，○○さんが電話をくれるそうです。	明日，○○さまがお電話をくださるとのことでございました。
□ この名刺の人が受付に来ています。	（名刺を渡して）こういう方が受付におみえになっていらっしゃいます。
□ 明日，部長がＡ社へ行くとき，課長が同行したいそうです。	明日，部長がＡ社へいらっしゃるとき，課長がお供させていただきたいとのことでございます。

☆ 上司の注意を促す言い方

　上司が予定通りの行動ができるように，スケジュール表に従って注意を促すのも秘書の仕事です。そのとき上司に対しては，指示や命令口調ではなく，「お願いする」言い方をし，「いかがでしょうか」と意向を尋ねるようにします。

●お願いする言い方
　　例）「そろそろ会議が始まるお時間ですので，会議室へお願いいたします」
●意向を尋ねる言い方
　　例）「よろしければ，今のお時間にご昼食をお取りになってはいかがでしょうか」

第4章 マナー・接遇

部長と同行するときに，予定の時間になったら，「部長，そろそろお時間になりましたので，お願いできますでしょうか」と言っています。

適切な言葉遣いです。
特に，お願いする言い方にしているのは秘書として，ベストな表現です。

Key フレーズ ｜「長く待たせるときは途中で声をかける」

　電話で待たされている人は，待たせている人以上に時間が長く感じるものです。また，待ち時間が長くなると，電話を切るにも切れない状況になるため，それが相手のいら立ちをさらに募らせることになります。途中で声をかけるのは，そういう状態を解消し，どうするか相手の意向を確かめるためです。

☆ 上司に代わって電話をかける

　上司に電話をかけるように指示された場合は，次のように状況に応じた対応をします。

相手を呼び出す	電話に出た担当部署の人が本人を呼び出している間に，素早く上司に代わる。
	上司と代わる前に相手が電話に出てしまったときには「お呼びたていたしまして申し訳ございません」とわびる。
相手が不在の場合	いつならいるかを尋ねて，そのときにかけ直すようにする。上司にそのことを報告する。
相手が不在で，伝言を頼む場合	ポイントを整理して話す。こちらの名前を告げ，電話に出た代理の人の名前を聞いておく。

これは 間違い！

伝言を頼むときは，最初に電話に出た人に，用件のポイントを整理して話し，頼むようにしています。

間違いの理由

最初に電話に出た人が，誰であるかを確認しないで伝言を頼んではいけません。必ず担当部署の代理人に頼むようにします。

☆ 上司に電話を取り次ぐ

　上司宛てに電話がかかってきた場合，秘書は次の要領で上司に取り次ぎます。

相手の名前と用件を確かめる	「○○社の○○さまでいらっしゃいますね，少々お待ちください」と相手を確認する。初めての相手には，「どのようなご用件でしょうか」と用件を確かめる。
上司に相手の名前と用件を伝え，上司と代わる	相手が用件を述べた場合は，相手が繰り返さなくて済むように，「○○社の○○さまから××の件でお電話です」と用件を報告して上司に代わる。
相手を待たせるとき	相手を長く待たせる場合は，途中で声をかける。「長くなりそうでございますが，こちらからかけ直しましょうか，それともこのままお待ちいただけますでしょうか」

☆ 国際電話のかけ方

　国際電話をかけるときは，相手国との時差に注意します。一般電話回線から国際電話をかける（FAX送信する）場合は次の手順でかけます。

●マイライン、マイラインプラスに登録の場合
　　010＋国コード（国番号）＋相手の電話番号
●マイライン、マイラインプラスに未登録の場合
　　希望する国際電話サービス会社指定の番号＋
　　010＋国コード（国番号）＋相手の電話番号

the thing
to be asked

that wants
for a moment

1 難易度 ★☆☆☆☆ できないと キビシ〜!!　　　　チェック欄

　秘書Aの上司（部長）が最近代わった。そのような折，課長から「今度の部長は率先して動いてくれない。皆の士気が低下しているようで困っている。どうしたものか」と言われた。Aも同じように感じていた。このような場合，Aはどのように対応すればよいか。次の中から適当と思われるものを一つ選びなさい。

1）課長に，「上司には上司の仕事の進め方があるのだから，士気の低下もやむを得ないのではないか」と言う。
2）部員たちに，「上司に指示を仰ぐときは，前の上司はこうしていたと話すようにしてみたらどうか」と言う。
3）皆の士気が低下しているということは部全体に影響することなので，上司に課長が言ったことをそのまま伝える。
4）課長に，「課長は上司にとって直接の部下なのだから，ざっくばらんに思っていることを話してみたらどうか」と言う。
5）課長に，「上司の行動を待つのではなく，部下たちが積極的に上司に働きかけて指示を得るようにするのはどうか」と言う。

2 難易度 ★★☆☆☆ できないと アヤウイ!　　　　チェック欄

　営業部の兼務秘書Aの下へ，Aより年上で勤務年数も長いCが異動してくることになった。前の部署で仕事上のトラブルがあったからだと上司から聞いている。次はAが，これから一緒に仕事をしていくCにどのように接していけばよいか考えたことである。中から<u>不適当</u>と思われるものを一つ選びなさい。

1）周りの人たちからCの異動の理由を聞かれたら，会社の都合だろうと言うようにしよう。
2）Cと話をするときは，ここでは自分が先輩なのだから，他の後輩と話すときと同じようにしよう。
3）Cの仕事の仕方でよいと思われるところは，前の部署の仕事の仕方であっても取り入れることにしよう。
4）Cは年上で勤務年数が長いといってもAの下に配属されるのだから，仕事はAの指示に従ってもらおうか。
5）仕事の仕方は，Cに一通り説明したら細かいことは言わず，分からないことがあったら尋ねてもらうようにしよう。

3　難易度 ★★★☆☆ できて ひとまずホッ!!　　　チェック欄

　次の下線部分を，意味を変えずに秘書が言う丁寧な言葉に直して，それぞれ二つずつ（　　）内に答えなさい。

1）取引先から，上司への伝言を頼まれて
　　「はい，分かりました。確かに申し伝えます」
2）上司の不在中に不意に訪れた取引先の人に対して
　　「よかったら代わりの者がお話を承りますが」
3）取引先に電話で
　　「そちらさまへ行きたいと存じますが，最寄り駅をお教えくださいませんか」

1）（　　　　　　　　　　）（　　　　　　　　　　　）
2）（　　　　　　　　　　）（　　　　　　　　　　　）
3）（　　　　　　　　　　）（　　　　　　　　　　　）

4　難易度 ★★★☆☆ 😊 できてひとまずホッ!!　　　チェック欄

　秘書Aの上司（山田部長）宛てに，Z社のW部長が転勤のあいさつに訪れた。上司は在席していて，Aは上司からW部長は栄転すると聞いている。このときAは①，②それぞれに，どのように言うのがよいか。その言葉を答えなさい。

①　W部長から，上司に転勤のあいさつに来たと言われたとき，W部長に対して。
②　W部長の来訪を上司に伝えるとき。

　次は秘書Aが，上司（山田営業部長）から伝言を頼まれて，相手に伝えたときの言葉である。中から<u>不適当</u>と思われるものを一つ選びなさい。

1) 家人に（上司と約束して訪ねてきた）
　　「間もなくお戻りになるとご連絡がございましたので，どうぞこちらでお待ちくださいませ」
2) 常務に
　　「山田部長から，M社との契約書にお目通しいただきたいとのことでお預かりしてまいりました」
3) 広報部長に
　　「山田部長から，明後日のP社接待にご同伴いただきたいので，ご都合を伺うように申し付かりました」
4) 課長に
　　「部長は明日は出社なさいませんので，急ぎの用件があったら早めに知らせてもらいたいとおっしゃっています」
5) 営業本部長に
　　「明日のご出張でございますが，部長は出先から空港に向かわれます。搭乗口でお待ちしていますとのことでございます」

　次は，山田部長秘書Aの取引先の人への言葉遣いである。中から適当と思われるものを一つ選びなさい。

1) 受付で名簿への記名を頼むとき
　　「こちらにお名前をご記入していただけますか」
2) 上司がわびていたことを伝えるとき
　　「山田から，おわびするようにと承っております」
3) 資料が出来たので今日中に取りに来てもらいたいと言われたとき
　　「かしこまりました。本日中に頂きに上がるようにいたします」
4) 面会を申し込んだ際に，そちらへ伺うと言われたとき
　　「こちらからのお願いですので，伺っていただくわけにはまいりません」
5) 私には分からないので担当者から説明すると言うとき
　　「私には分かりかねますので，担当の者よりご説明なさるようにいたします」

1＝5）士気の低下をそのままにしておくわけにはいかないが，上司の仕事の仕方を批判するようなことになってもいけない。ここは上司が指示しやすいように，部下たちの方から積極的に働きかけるという提案が適当ということである。

2＝2）ＣはＡより年上で勤務年数も長い。ということは，Ａより世間を知り会社のことも知っているのだから，人生の先輩といえる。営業部ではＡの方が先輩だとしても，他の後輩と話すときと同じようにするなどは不適当ということである。

3＝1）かしこまりました・承知（いた）しました　2）よろしければ・お差し支えなければ　3）伺いたい・参りたい
【解説】解答例の他に，3）は「お邪魔したい」などもよい。

4＝【解答例】①　ご栄転おめでとうございます。ただ今，（部長の）山田に取り次いでまいります。　②　Ｚ社のＷ部長（様）が，転勤のごあいさつにいらっしゃいました。

5＝3）「ご同伴いただきたい」が不適当。同伴とは連れて行くという意味で,「保護者同伴」「同伴者」のように使う言葉でビジネスの場では使わない。この場合の適切な言い方は,「ご同行いただきたい」などになる。

6＝3）1）「ご記入して」は「ご記入」,2）「承って」は「申し付かって」,4）「伺って」は「お越し」,5）「ご説明なさる」は「ご説明する」などが適切な言い方になる。

合否自己診断の目安

　正解率60％以上を合格の目安としてください。ここでは，6問出題したので，4問以上の正解でクリアです。

1　人間関係と話し方	6問中 □ 問正解 ●正解率＝ □ ％

いよいよ実技領域に入りました。理論領域と同様,この実技領域（4章・5章）でも合計で正解率60％以上にならないと合格の目安が立ちません。セクション1で60％取れなくても，気を落とさずに頑張りましょう。4章，5章の合計で60％以上正解すればいいのですから。

SECTION 2 話し方・聞き方の応用

Lesson 1 ▶ 報告の仕方

「報告は結論が最優先事項である」

　上司が報告で一番知りたいのは結論です。それによって，次にどのようなことを指示すべきかを判断する必要があるからです。場合によっては，経過や理由はどうでもよくなるケースもあるということを心得ておきます。

☆ 報告の要領

　上級秘書になると，手際よく報告することが求められます。分かりやすく説明できるよう，事前に内容を整理しておき，要領よく的確に報告するようにします。

◆タイミングよく報告する

　報告は，時を逃さず，上司の仕事の状況を見計らって，タイミングよく知らせることが大切になります。以下のことを心得ておきます。

- ●上司が求めるときに情報を提供できるようにする。
- ●情報はナマ物。時機を逃すと価値がなくなる。
- ●緊急を要する報告は，一刻も早く伝える。その報告によって，上司の判断が異なってくる場合もあることを認識しておく。
- ●指示された仕事が終了次第，上司に報告する。
- ●頼まれた仕事が期日に遅れそうな場合は，早めに報告する。

ただ今，よろしいでしょうか。

◆事前に報告内容を把握しておく

　上司からどのような質問があってもすぐ答えられるように，事前に内容を把握し，要点を整理しておきます。

●過去，現在，未来というように時間の要素を意識してまとめる。
●5W3Hの要素を利用して整理する。

過去	結果の報告
現在	現状の報告
未来	将来の予測

ホ エ ン When	いつ	日時
ホ エ ア Where	どこで	場所
フー Who	誰が，誰を	人物
ホ ワ イ Why	なぜ	理由
ホ ワ ッ ト What	何を	目的
ハ ウ How	どのようにして	手段
ハ ウ マ ッ チ How much	幾らで	値段・経費
ハ ウ メ ニ ィ How many	幾つで	数量

◆要領よく，正確な報告をする

　報告で大切なのは，結論を先に話し，経過などは事実を曲げないで相手に正確に伝えるということです。次のようなことに留意します。

●結論を先に報告する。
　　まず結論を述べ，次に理由，最後に経過を述べる。
●事実をありのままに報告する。
　　推論*や憶測*で話をしない。上司に求められた場合は，「これは推測ですが」などと前置きして話し，事実と区別する。
●個人的な意見は原則として不要である。
　　上司に求められない限り，個人的な意見や感想は述べない。

Let's Study!
よく出る問題

■適当＝○か不適当＝×か考えてみよう。
□①上司が忙しくしているときは，報告するのを控えるようにしている。
□②報告が込み入っているときは，まず概略を時系列に話し，最後に結論を話すようにしている。

解説：①上司がどんなに忙しくしていても，急を要する報告や重要な報告は，すぐしなければならない。すぐに報告していいかどうか判断がつかない場合は，「○○の件の報告があるが，後にした方がよいか」と上司の意向を確かめるようにするとよい。
解答＝×
②報告で大切なのは，結論である。まず，結論を報告しなければならない。
解答＝×

第4章 マナー・接遇

【推論】　今までに得て知っている知識を基にして，たぶんこういうことであろうと考えること。
【憶測】　想像に基づいていいかげんな推測をすること。

2 説明の仕方

「説明は，言葉だけでなく総合表現力が鍵」

言葉だけで説明しようとしても，複雑な関係図やイメージはなかなか理解してもらえません。図表やグラフ，写真，イラスト，映像などさまざまな表現手段を適切に用いることが，相手の理解を深める鍵になります。

☆ 説明のための準備

　説明とは，相手に理解してもらいたい内容を分かりやすく伝えることです。そのためには伝えたい内容を整理するなど，説明のための下準備をしておく必要があります。

◆内容の理解

　重要なことは，説明する者が「説明内容について十分に理解している」ことです。内容についての理解が曖昧では，相手に対しても不十分な情報しか伝えることはできません。

　説明に際して不足している情報を収集し，専門用語や外来語を使う場合は，分かりやすく正確に話せるように下準備しておきます。

　また，相手が疑問を持つ点など，予想される質問事項をピックアップしておき，すぐに適切な応答ができるようにします。

◆説明を受ける相手についての状況把握

　説明を受ける相手がこちらが説明しようとする内容について，「どの程度の理解や知識があるのか」「分かっていないところはどの点なのか」を事前に把握しておき，相手の知識や理解力に応じた話し方を工夫します。

何か変になって…

パソコンの使い方，どこまで分かっているのかしら？

> **Let's Study!**
> **よく出る問題**
>
> ■適当＝○か不適当＝×か考えてみよう。
> □　新人秘書に説明する場合，内容が複雑なときはメモするように指導している。
> 解説：メモを取るのは，忘れないようにするためである。説明する内容が複雑な場合，聞く人が説明をメモしても理解の助けにはならない。複雑な内容を理解させるためには，説明する人が図解するなどの工夫をしなければならない。
> 解答＝×

◆内容の整理

　上級秘書になると，長くて複雑な内容を要領よく説明する機会が多くなります。どのような配列で話をすれば分かりやすいか，内容に応じて適切に選択することが大切です。次のような配列に留意します。

●時間的配列	時の経過に従って話す。
●空間（場所）的配列	発生した場所に従って話す。
●既知から未知への配列	相手が知っていることから，知らないことへと話を進める。
●重要度による配列	重要なものから順に話す。
●因果関係による配列	原因から結果へとつなげて話す。

◆説明のための工夫

　複雑で込み入った内容を説明する際には次のような工夫も必要です。

- ●数字などの説明では，グラフや図表を用意する。
- ●イメージしやすいように写真やイラストなどを用意する。
- ●話すときには，全体的には時間的配列を用い，各部分については重要度や因果関係の配列にするなど，組み合わせを工夫する。
- ●分かりやすい言葉を使い，「富士山の○倍の高さ」など誰もが知っているものを比較例に用い，相手が具体的にイメージできるようにする。

☆ 説明の手順

　説明は，次の手順で行います。

① 予告する	必要に応じて以下の項目を選択する。
●ナンバー	説明数を最初に告げる。
●アウトライン	概略を先に述べる。
●ポイント	主要点を述べる。
② 順序よく説明する	整理した内容の配列に沿って話す。
③ 要点を繰り返す	説明の最後に，もう一度要点を繰り返す。

第4章 マナー・接遇

3 説得の仕方

　人を説得することは簡単なことではありません。なだめたり，持ち上げたり，根気よく話したりと，さまざまな手段がありますが，説得する人の人望や権威も大きな効果を持つことを忘れてはいけません。

☆ 説得とは何か

　人に何かを依頼しても，さまざまな理由で相手が応じない場合があります。その際，相手にこちらの意向を話して納得させ，相手が自分の意思でこちらの要望通りの行動を取るようにさせることを説得といいます。最初は応じない相手の態度を変えさせ，進んで協力させるには，説得力が問われるだけでなく，相手との人間関係も大きく影響するということを忘れてはいけません。

これは間違い！

頼んでみたけど，
断られてしまった。
諦めるしかないわ。
でも，どうしよう……

間違いの理由

断られたからといって，すぐ諦めるのはよくないことです。説得という手段があります。

☆ 効果的な説得の方法

　説得する方法には，次のようなものがあります。相手の性格や人間関係などを考慮して，適切な方法を選ぶことが大切です。

●チャンスをつくる　　　食事を共にするなど，相手と接触する機会を多く設けることが説得を可能にする前提条件。

●タイミングをつかむ　　焦らないで，ゆっくり機が熟するのを待つ。ただし，時機を逃さないようにする。

●根気よく繰り返す　　　1度や2度で諦めず，何度でも話をすれば，その誠意や熱意に打たれて応じることもある。

| ●代理説得を用いる | 自分だけでなく，相手と親しい同僚や，相手が尊敬している人望のある人に説得を頼む。 |
| ●補助力を活用する | 上司や上役などに加わってもらい，上下関係を利用して説得することも一つの手段である。 |

☆ 不安を取り除く

　相手が説得に応じない理由の一つとして，依頼事項に対して不安を持っていることが考えられます。不安要因としては次のようなものが挙げられますが，これらを取り除けば，意外にすんなりと応じてくれるようになることもあります。

●心理的不安

誰でも抱く不安であると理解を示す。

●能力的不安

他の仕事の能力を評価して，励ます。

●経済的不安

正確な数字を示し，可能なことや損にならないことを分からせる。

●物理的不安

時間がなくても，効率的にやれば可能なことを分からせる。

Let's Study!
よく出る問題

■適当＝○か不適当＝×か考えてみよう。
□　説得するときは，相手の話を聞くよりも，こちらの考えがいかに正しいかを説明していくことが重要なポイントである。
解説：説得とは，相手がそれまでの考えを改め，納得してこちらの考えに賛同し，行動するように話すことである。いくら説明しても，相手が納得しなければ，一方通行で終わってしまう。こちらが一方的に話すのではなく，相手の話をよく聞き，何が問題なのかを明確にすることが先決である。
解答＝×

第4章 マナー・接遇

■これだけは押さえておきたい■
Key フレーズ 「注意などを受けたらとにかく素直に謝る」

注意を受けると，自尊心が傷つき，なかなか素直に謝ることができないものです。それも，自分に言い分があるときはなおさらです。しかし，注意を受けたらその場では素直に謝るのが鉄則です。言い分は，後から穏やかに話します。

☆ 後輩などに注意するときの心得

　上級秘書は，後輩などに注意する立場にあります。しかし，注意の仕方によっては人間関係を損ねてしまうこともあるため，以下のようなことに留意して，慎重の上にも慎重を期すようにします。

◆**注意などをする前に行うこと**

　誤解に基づいて注意したり，注意のタイミングや場所を誤らないよう注意する前に以下のことを考慮して，適切に判断することが求められます。

●**事実をよく調べる**　　裏付けになるデータや証拠を持つ。

●**原因をつかむ**　　　　具体的な解決法を示すために原因を把握する。

●**効果を予測する**　　　予測される効果を考え，注意するか見送るかを判断する。

●**時と場所を考える**　　よいタイミングをつかむこと。注意するときは人のいる場所を避け，1対1でするのが原則。

◆**注意などをするとき気を付けること**

　注意するときは，相手が素直に注意を受け入れ，前向きな姿勢で取り組んでいこうという気にさせるような注意をすることが大切です。

●冷静に，穏やかに話す。
●励ましながら注意する。
●相手が納得できる根拠を示し，改善の方法を提示する。
●一定の基準を持って話す。
●相手を追い詰めるようなことはしない。
●愛情をもって誠実に話す。

ハイ！　今後は気を付けてがんばります!!

◆注意などをした後の配慮

　注意した後は，次のようなフォローをします。

- ●注意したことについてこだわりを持たず，今まで通り接する。
- ●注意した相手の心の痛みを癒すように接する。
- ●注意した点が改善されているか，様子を見守る。
- ●失敗を取り返す機会を与えるように配慮する。

☆ 注意の受け止め方

　注意は素直に受け止め，「期待されているから注意されたのだ」と思うように考えましょう。また，注意は正しい方向に導くための指摘なので，注意に従うことは，的確に仕事を遂行する能力を身に付けていくことであると理解することが大切です。

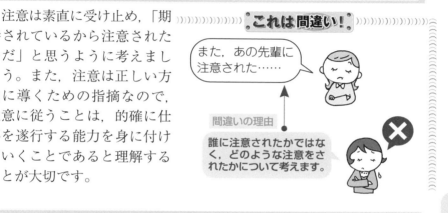

これは 間違い！

また，あの先輩に注意された……

間違いの理由

誰に注意されたかではなく，どのような注意をされたかについて考えます。

☆ 注意を受けるときの留意点

　注意を受けるときは，以下のような点に留意し，前向きに受け止めるようにします。

●正直にわびる	言い分があっても，誤解させた原因は自分にあると認識し，その場は素直に謝る。
●言い分は後から	言い分は，注意を受け入れた後に穏やかに話す。
●感情的にならない	感情的になって興奮したり，逆に落ち込んでしまったりしない。
●責任逃れをしない	「自分だけではない」とか，「体調が悪くて」などの責任逃れや言い訳をしたりしない。
●失敗を繰り返さない	同じ注意を何度も受けることがないように，注意の内容を記録して反省する。

☆ 苦情の捉え方

　秘書のもとにはいろいろな苦情が持ち込まれてくることを心得ておかなければなりません。苦情を聞くことは嫌なことですが，それを逆に改善のチャンスと捉え，前向きな姿勢で受け止めることが大切です。苦情を正面から受け止め，誠実に対処すれば，相手との間に新たな信頼関係を築くことが可能になります。

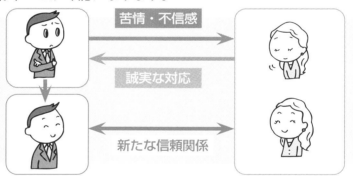

☆ 苦情への対応

◆まず，聞く

　苦情は，終始一貫して誠意をもって聞くようにします。たとえその苦情が相手の思い違いによるものであっても，とにかく冷静になって最後まで聞きます。話を聞くことで相手の不満や怒りは次第に解消していくものです。

◆誠意をもって聞く

　苦情を聞く態度に誠意が感じられないと，相手はさらに反感を抱きます。苦情に対しては誠意をもって真心で対応することが重要です。

◆言い分は後から穏やかに

　相手の言葉に反応して，その都度こちらの言い分を話してはいけません。相手が苦情を一通り言い終わって冷静になってから，穏やかに話します。たとえ苦情が相手の勘違いや無理解によるものであっても，そのことを攻撃してはいけません。反論するのではなく，あくまでも相手の理解を得られるように話すことが大切です。

これは 間違い！

よく尋ねてくる取引先の部長に「受付の態度が悪い」という苦情を受けました。
すぐに謝って，今後は遠慮なく，直接本人に注意して構わないと話しました。

間違いの理由

相手に，今後の注意を依頼するようでは，苦情の真意を理解したことにはなりません。二度とそういうことのないように厳しく指導すると伝えるべきです。また，客に注意させるなど，秘書の取るべき態度ではありません。

☆ 潜在的な苦情

　上級秘書は，不満や苦情があっても口にしないという「潜在的な苦情」があることも知っておく必要があります。

　そうした不満や苦情を抱えている人は，何事に対しても非協力的になったり，仕事仲間とうまくコミュニケーションが取れなくなったりします。そうなると，次第に職場の雰囲気は悪くなり，チームワークも乱れてしまいます。

　そうした兆候に気付いたら，相手が抱いている不満や苦情を聞き出し，積極的に解決を図るように努力しなければいけません。

表立っては言わないけれど，不満の種はいっぱいだわ!!

1 難易度 ★☆☆☆☆ 😖 できないと キビシ～!! チェック欄

　次は秘書Aが同僚たちと，感じのよい話し方について話し合ったことである。中から**不適当**と思われるものを一つ選びなさい。

1）忙しくて疲れているときでも，笑顔で明るく話すという心がけが必要ではないか。
2）相手をあまり見ずに話す人がいるが，感じがよい話し方とは言えないのではないか。
3）声が小さいと相手に頼りない印象を与えるので，声を少し大きくした方がよいのではないか。
4）元気のある生き生きとした印象になるように，大きめの身ぶりで話すのがよいのではないか。
5）丁寧な言葉遣いやきちんとした話し方はよいが，相手や話題によっては少し砕けた言い方がよいこともあるのではないか。

2 難易度 ★★☆☆☆ 😊 できないと アヤウイ! チェック欄

　秘書Aは，上司から指示された仕事や留守中の電話，来客のことなど報告することが多い。が，上司は忙しくてなかなか時間が取れない。このような場合，どのような報告の仕方をすることが必要か。箇条書きで三つ答えなさい。

3　難易度 ★★☆☆☆ **できないと アヤウイ!**　　　チェック欄

　営業部で部長秘書を兼務しているＡは，担当した仕事の不手際で得意先へ謝りに行くことになった。責任者として上司も同行する。次は，このような場合どのようにしたらよいかＡが考えたことである。中から<u>不適当</u>と思われるものを一つ選びなさい。

1）相手の都合もあるだろうから，訪問の予約をし，上司が同行することも伝えておこう。
2）受付では，自分が会社名と上司の名前を言って取り次ぎを頼むことにしよう。
3）相手に会ったらまず，Ａが上司より前に進み出て，自分の責任だと言って深く頭を下げてわびるようにしよう。
4）ただ謝るだけでなく不手際の経緯を説明することになるが，その説明は上司ではなく自分がするかもしれないので上司と打ち合わせておこう。
5）不手際についての話が終わっても，明るく気楽な話し方などはせず，身を縮めているように感じられる話し方をするようにしよう。

4　難易度 ★★☆☆☆ **できないと アヤウイ!**　　　チェック欄

　秘書Ａは上司（常務）から，「急いでＬ部長を呼んでもらいたい」と言われ，来てもらった。呼んだ理由は分からない。ところが常務室に入ったＬ部長はすぐに出てきて，「呼ばれたのはＮ部長だよ。何かあったのか」とＡに尋ねた。このような場合Ａは，Ｌ部長と常務のそれぞれにどのように言えばよいか。その言葉を答えなさい。

①　Ｌ部長に
②　常務に

秘書Aの下に新人Bが配属された。次は，AがBへの指導について考えたことである。中から<u>不適当</u>と思われるものを一つ選びなさい。

1) 確実にできそうな仕事から教えるようにして，最初のうちは難しいことはさせないでおこう。
2) 仕事の仕方について他の人から注意を受けたら，必ず自分（A）に報告するよう話しておこう。
3) 分からないことがあったら，忙しそうに見えたとしても遠慮せず聞きに来るよう言っておこう。
4) 仕事の仕方は人により違ってもよいので，自分で考えて工夫しながら行うようにと伝えておこう。
5) 仕事の作業手順だけでなく，その仕事が全体の中のどの部分で，なぜ必要なのかを理解させるようにしよう。

次は秘書Aが，説得の仕方について考えたことである。中から<u>不適当</u>と思われるものを一つ選びなさい。

1) 相手と自分が同等な立場の場合，上の人に協力を頼むのもよいかもしれない。
2) 相手との間に信頼関係がある場合，多少強い言い方をするのもよいかもしれない。
3) あまり親しくない相手の場合，相手と親しい人の助けを借りると効果があるかもしれない。
4) 説得に対して相手が感情的になった場合，それ以上は続けず機会を改めた方がよいかもしれない。
5) 相手が自分の言い分に固執して説得に応じない場合，一度相手の意見に合わせてみる方がよいかもしれない。

1＝4）話をするときの身ぶりは，話の内容を体を動かして補ったり感情の表れであったりするもの。元気のある生き生きとした印象は感じがよいが，身ぶりを大きくすることとは関係がないので不適当ということである。

2＝【解答例】1．時間をかけずに済むよう，端的に報告できるようにしておく。2．急がないものは後でまとめてするなど，優先順位を考える。3．メモで済むものはメモにするなど，手段を工夫する。
【解説】多忙な上司へ報告するときの配慮だから，報告の仕方や手段を工夫するなどのことが答えになる。解答例の他に，「忙しいときに報告せざるを得ないときは，最初に要する時間を伝える」などもよい。

3＝3）Ａが担当した仕事の不手際でも，責任者として上司が最初に謝るというのがこのような場合の謝り方。丁重にわびるのはよいが，まず上司より先にわびるようにしようと考えたのは，組織としてのわび方を考えていない行動なので不適当ということである。

4＝【解答例】① 私には分かりかねます。間違えてしまい申し訳ございませんでした。② 申し訳ございませんでした。すぐにＮ部長をお呼びいたします。

5＝4）一般的にどの会社でも効率的な仕事の仕方は確立しているものである。従って，工夫をする余地があるとしてもまずは指導した通りにさせるもの。新人に自分で考えて工夫しながら行うよう指導するなどは早計で不適当ということである。

6＝5）「説得」とは，自分と違う考えの相手に自分の考えを納得させること。相手が説得に応じないからといって相手の意見に合わせては，相手のペースになりこちらの目的が達せられないことになる。従って，説得の仕方としては不適当ということである。

合否自己診断の目安

　正解率60％以上を合格の目安としてください。ここでは，6問出題したので，4問以上の正解でクリアです。

2　話し方・聞き方の応用	6問中 ☐ 問正解 ●正解率＝ ☐ ％

ここの問題は，少し難しかったので，クリアできなかった人もかなりいるのではないでしょうか。しかし，難度の高い問題を解いてこそ，合格が得られるのです。常に「難問大歓迎」の姿勢で望むことが大切です。

SECTION 3 交際

Lesson 1 慶事の知識

「還暦は満60歳，古希は70歳の祝いのこと」

長寿の祝いは次のような覚え方があります。喜寿（77）は七七が喜の草書体の「㐂」に，傘寿（80）は，八と十を縦に並べると傘の略字「仐」に，米寿（88）は八十八が「米」に，卒寿（90）は九と十が卒の通体「卆」にそれぞれ似ており，白寿（99）は，百の上の一を取ると（100−1＝99）白になります。

☆ 祝賀行事と秘書

　祝い事を慶事といいますが，会社の慶事には，社屋や工場などの完成を祝う落成式*，開店披露，各種記念式典などがあります。式典の後では祝賀会を開催しますが，裏方としてこうした会合の準備や進行，来客の接待などをするのも秘書の仕事です。

　このほか秘書は，取引先などで祝賀行事が催される場合は，上司の指示に従って祝電を打ったり，祝いの品を贈ったりします。また，上司が祝賀行事に出席する場合には祝儀*を用意します。

☆ 慶事の種類と対応

　慶事には，祝賀行事，賀寿，受賞・受章，昇進・就任，結婚などがあります。こうした行事に上司が招待された場合は，秘書は適切な対応をして，上司を補佐する必要があります。

◆賀寿
　賀寿とは長寿の祝いのことです。年齢により次の祝いがあります。

- ●還暦＝60歳（満）
- ●古希＝70歳
- ●喜寿＝77歳
- ●傘寿＝80歳
- ●米寿＝88歳
- ●卒寿＝90歳
- ●白寿＝99歳

用語Check
【落成式】　建築物の完成を祝ってする式典。
【祝儀】　　祝い事のときに贈る金品。

◆叙勲・褒章

　関係者の受賞・受章を知ったら，秘書は上司の意向に従って，祝電を打ったり，祝い状を出したり，祝いの品を贈ったりします。また，上司が祝賀会の発起人となる場合は，秘書はその準備を引き受けることになります。

　各種団体などから賞を受けるのを受賞，国から勲章・褒章を受けるのを受章といいます。勲章と褒章には以下のようなものがあります。

●**勲章**　文化勲章，瑞宝章，宝冠章，旭日章，菊花章など

●**褒章**　紅綬褒章，緑綬褒章，藍綬褒章，紺綬褒章，黄綬褒章，紫綬褒章

◆昇進，就任など

　上司の関係者や取引先の人が昇進，栄転，就任した場合は祝電を打ったりしますが，上司との関係が深い場合は，上司が発起人になって歓送迎会や祝賀会を開催することもあります。また，栄転などで関係者が転勤する場合には，餞別*を用意したりします。

◆結婚式，披露宴

　上司は招待を受けて披露宴に出席するほか，仲人として出席する場合もあります。出欠の返事はなるべく早く出すようにし，欠席する場合は会場宛てに祝電を打ちます。

●**祝電を打つ。**

祝電を
お願いします

⬆ 場所や氏名を確認。「祝電」扱いや「日時指定」にする。

●**招待状の返事を書く。**

⬆ なるべく早く出す。お祝いの言葉を一言添える。

【餞別】　遠くへ旅立つ人や転任・移転する人に別れのしるしとして贈る金品。はなむけ。

Lesson 2 パーティーの知識

招待状に服装の指定があれば必ずそれに従います。また、「平服でお気軽にお越しください」などと書かれている場合に注意したいのは、平服とは「カジュアルな普段着」ではないということです。男性はダークスーツ、女性はスーツかワンピースを着用します。

☆ パーティーの形式

　一言でパーティーといっても、正式な晩餐会（ばんさんかい）から立食形式のカジュアルなものまで、さまざまなスタイルのものがあります。

●ディナー・パーティー

⬆ 正式な晩餐会でフルコースの食事が出される。服装も指定され、席次も決まっている。

●ランチョン・パーティー

⬆ 正式な昼食会で正午から午後2時ごろまで。メインディッシュは魚料理か肉料理か選ぶ。

●カクテル・パーティー

⬆ 飲酒会。夕刻から始めて1～2時間で終了。食事は軽食。指定時間内なら入出自由。

●カクテル・ビュッフェ

⬆ カクテル・パーティーに食事が加わったもの。立食形式で格式ばったところがない。

108

●ビュッフェ・パーティー

⬆ 簡単な飲み物とオードブル程度の軽い食事が出される。立食形式で懇親会などに向いている。

●ガーデン・パーティー

⬆ 屋外で開かれる座食式と立食式の中間のパーティー。午後2時ころから2〜3時間開かれる。

☆ 服装の知識

　上司が出席する場合，また，秘書が代理出席する場合に備えて以下のような知識を身に付けておきます。

◆慶事出席者（男性）の服装

　男性の慶事出席者の服装例です。パーティーの形式や時間帯，格式を考慮して選びます。服装の指定がある場合はそれに従います。

●略式の服装	ダークスーツ（ダークグレー，ダークブルーの無地か縞(しま)），ブラックスーツ。スーツ以外の着用はモーニングの場合と同様。
●午前および昼の服装	モーニング着用。ネクタイはシルバーグレーか白の無地，またはストライプ。ワイシャツ，手袋は白。靴下，靴は黒。
●日没後，夜間の服装	燕尾服(えんび)，タキシード。白いシャツ。白ネクタイ。タキシードの場合は黒の蝶タイ。靴下は絹の黒。靴はエナメルの黒。ハンカチは白麻。皮の白手袋。
●和装の場合	黒羽二重(はぶたえ)の羽織袴(はおりはかま)。染め抜きの五つ紋か三つ紋。着物は縞物でもよい。

◆秘書の服装

　招待客ではなく秘書として出席することを自覚して，少し改まったスーツかワンピースを着用します。会場から仕事場に戻る可能性があることを考慮するのも秘書としての心得です。

3 宴席のマナー

Key フレーズ 「本膳料理は正式な日本料理の膳立てである」

本膳料理は室町時代に武家の礼法とともに確立したもので，江戸時代に内容や形式が整えられ，日本料理の正式な膳立てになっています。本膳料理は，本膳（一の膳），二の膳，三の膳からなります。

☆ 西洋料理と中国料理の宴席マナー

　上級秘書ともなると，上司の代理としてあるいは秘書自身が招かれてパーティーなどで食事をする機会も多くなります。西洋料理や中国料理のマナーも心得ておくようにします。

◆西洋料理の宴席マナー

　西洋料理の場合，食事中に音を立てないことが最低限のテーブルマナーとされています。スープは音がしないように飲み，食器の音を立てないように注意します。このほか以下のことに留意します。

- ●ナプキンは主客が取ってから取る。
- ●ナイフやフォークは料理ごとにそれぞれ外側から順にとって使う。
- ●パンは左側に置かれているのが自分のものなので間違えない。
- ●パンはスープが終わってから食べる。
- ●スプーンは前方に向かってすくっても，手前に向けてすくってもよい。
- ●食事中に少し休む場合は，ナイフとフォークを皿の上にハの字形に置き，食事が済んだらそろえて皿の斜め右に置く。
- ●ナプキンなどを落とした場合は自分で取らず，係の者を呼ぶ。

これは 間違い！

ナプキンは，中座するときも食事が終わったときも，きちんと畳んでテーブルの上に置くようにしています。

間違いの理由

ナプキンは，中座するときは椅子の上に置きます。食事が終わったらテーブルの上に置きますが，「きちんと」ではなく軽く畳む程度にします。

◆中国料理の宴席マナー

　中国料理の場合は，特別に難しいマナーはありません。料理は大皿に盛って出されるので，周りの人に取り分けるなどの心遣いが必要です。

　前菜，肉，魚，鳥などの料理の後に，スープに飯か粥，次いで甘い菓子などの点心で終わり，最後にお茶が出ます。

- ●料理は大皿に盛って出されるので，小皿に取り分けるときは，皿に添えてある取り箸やスプーンを使う。
- ●取り分けた料理は残さず食べる。
- ●正しい箸の使い方をする。

☆ 日本料理の宴席マナー

　「和菓子とお茶のマナー」，「日本料理のマナー」の基本は以下の通りです。

◆和菓子とお茶のマナー

　和菓子が器に盛ってあるときは，上席の客から懐紙に取り，箸の先を懐紙の隅で清めて次の客に回します。他の人もそれに習うようにします。そのほか，以下の点に留意します。

- ●ふた付き茶わんのふたは，やや右前にあおむけにして置く。
- ●右手に茶わんを持ち，左手を添えて，軽く押しいただいてから飲む。
- ●茶わんに口紅がついたときは，指先か懐紙で清めてふたをする。

◆日本料理のマナー

　日本料理には，一品ずつ出される懐石料理，膳で出される本膳料理，酒宴の席での会席料理などがあり，いずれも正客が箸を取ったらそれに続きます。そのほか，以下の点に注意します。

- ●汁わんのふたはあおむけにして横に置く。
- ●箸は正しく持つ。握り箸や迷い箸はタブー。

Let's Study!
よく出る問題

■適当＝○か不適当＝×か考えてみよう。
□①パーティーの途中で帰るときは，周囲の人と主催者に，先に失礼をするとあいさつしてから退出する。
□②開会前に会場入口で出される飲み物は，遠慮なく飲んでよいので，飲みながら開会を待つ。
解説：①パーティーは，最後までいなければいけないというものではないので，途中で帰ることは差し支えない。ただし，パーティーは場も華やか参加者も華やいでいる。途中で帰ると言えば雰囲気に水を差すことになる。あいさつをせずに黙って帰るのがよいということである。
解答＝×
②解答＝○

4 弔事のマナー

「通夜の服装は喪服でなくてもよい」

訃報（ふほう）は突然やってきます。知らせを聞いて急いで駆けつけたという意味もあって，通夜の服装は喪服でなくても失礼にはなりません。男性は黒っぽいスーツ，女性は地味なスーツかワンピースを着用します。

☆ 弔事の服装

通夜，告別式の服装は以下のようにします。通夜では喪服（もふく）を着用しなくてもかまいません。

	男性	女性
通　夜	●ダークスーツ。	●地味な色のワンピース。
告別式	●正式にはモーニング。 ●一般には黒のスーツに，白ワイシャツ。ネクタイ，靴下，靴も黒で統一。	●喪服を着用。 ●化粧は控えめに。 ●真珠のイヤリング，ネックレス以外は光るものを付けない。真珠のネックレスは一連のもの。 ●靴，バッグも光沢のない黒で統一。

☆ 弔事のマナー

葬儀は，仏式，神式，キリスト教式など宗教によって異なります。

◆焼香

仏式では会葬者（かいそうしゃ）は焼香（しょうこう）を行います。その手順は以下の通りです。

① 遺族に会釈し，焼香台に進む。

② 指先で香をつまみ，目の高さに押しいただいて香炉に入れる(焼香)。1回ないし3回行う。

③ 焼香の後合掌し，2，3歩下がって一礼。

④ 遺族に会釈して戻る。

焼香の仕方

☝ 焼香するときは，親指，人差し指，中指の3本でつまみ，目の高さに押しいただいて香炉の中へ。

◆玉串奉奠

　神式では玉串奉奠を行います。その手順は以下の通りです。

① 神官から玉串を受けたら案（台）の前まで進む。次に玉串を胸の高さにささげて礼拝する。

② 玉串を右に回し，根元を故人の方に向けて案に供える。

③ 二礼し，音を立てずに二度柏手を打ち（忍び手），さらに一礼する。再拝二拍手一拝が正式だが，二拍手一拝でもよいとされる。

④ 遺族に会釈して戻る。

| 玉串のささげ方 |
①左手で葉先，右手で茎を持つ。②葉先を神前に向ける。
③左手で根元，右手で葉先を持つように持ち替える。
④時計回りに180度回転させ，葉を手前にしてささげる。

◆献花

　キリスト教では献花を行います。その手順は以下の通りです。

① 教会の入り口で花を受け取る（花が右，茎が左）。

② 胸元にささげて献花台の前まで進む。

③ 一礼して花を時計方向に回し，茎を向こう側にして献花台に置く。

④ 黙祷する。その後一礼して戻る。

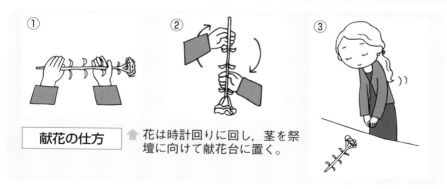

| 献花の仕方 | 花は時計回りに回し，茎を祭壇に向けて献花台に置く。

第4章 マナー・接遇

5 弔事の対応①

Key フレーズ 「弔電は喪主宛てに打つ」

遠方で通夜や告別式に参列できないときは弔電を打ちます。弔電の宛名は喪主にします。喪主が誰か分からない場合は、「故○○○○様御遺族様」、または、遺族となる関係者の名前宛てにします。

☆ 弔事の情報収集

　関係者の訃報を知ったら、秘書は弔事に適切に対応するために迅速に情報を取り、上司に報告します。その上で、上司と細かい打ち合わせを行います。訃報を知ってからの一連の流れと、確認すべき情報は下図のようになります。

関係者の訃報	●逝去（せいきょ）の日時。
↓	●逝去の経緯と死因。
情報収集と確認	●通夜、葬儀・告別式の日時と場所。
↓	●葬儀の形式（宗教など）。
上司への報告	●喪主の氏名（故人との関係）、住所・電話番号。
↓	●香典の額など過去の記録を調べる。
上司と打ち合わせ	
↓	
関係者への連絡	

Let's Study! よく出る問題

■適当＝○か不適当＝×か考えてみよう。

□①享年（きょうねん）とは死亡したときの年齢である。

□②忌明（きあけ）とは、一定の喪（も）の期間が終わることである。

□③会葬（かいそう）とは、葬式の参列者が火葬場へ同行することである。

□④服喪（ふくも）とは、近親者に死者があった場合、ある期間祝い事や社交的な行動を避けることである。

解答①＝○。②＝○③＝×（会葬とは、葬儀に参列すること）④＝○

これは 間違い！

上司の代理で告別式に参列したときは、受付で上司の名前を記帳して、その横に（代）として自分の名前を書くのがよいと思っています。

間違いの理由

代理で参列したときは、上司の名前を記帳し、その下に「代」と書きます。通常、代理の人の名前を書くことはありません。

☆ 弔事への対応

弔事は，通夜，葬儀・告別式と執り行われ，神式と仏式では，葬儀に引き続き告別式が行われます。

◆通夜

故人の家族や親しい人が棺の前で一晩過ごすのが通夜です。故人との関係が深かった場合は通夜に参列し，香典はそのとき持参します。

◆葬儀と告別式

葬儀は仏式，神式，キリスト教式など，故人が信仰していた宗教に基づいて行われます。仏式と神式では葬儀の後に故人との別れをしのぶ告別式が行われます。故人との関係が深いときには，霊前に供物を届けたりしますが，それほど関係が深くないときは，告別式だけに参列します。告別式は下記の要領で行われます。

①向かって右に遺族と親族，左に葬儀委員長，関係者，知人が着席。
②僧侶の読経。
③会葬者の焼香。
④僧侶退場。

◆香典の手配と上書き

香典の上書きは宗教によって異なるため，確認した上で，参列に出かける前までに用意します。またこちらの名前・肩書をどうするか指示を仰ぎます。

●仏教	御香典，御香料，御霊前
●神道	御榊料，御玉串料，御霊前
●キリスト教	御花料，御霊前

◆弔電の打ち方

悔やみの電報を弔電といい，電話や電話会社のホームページから申し込むことができます。発信人の名前や肩書をどうするかは上司に相談します。

第4章 マナー・接遇

6 弔事の対応②

Key フレーズ 「告別式で知人に会ったら目礼する程度に」

告別式は悲しみの場なので，知人に会っても話し込んだりしないで，目礼するか頭を下げる程度にとどめるのがマナーです。また，遺族の気持ちを推し量って，詳しい死因などをあれこれ聞かないようにします。

☆ 社葬

会社が全ての葬儀費用を負担して，会社に功績のあった人や地位の高い人の葬儀を執り行うことを社葬といいます。社葬では葬儀委員長が葬儀を取り仕切ることになり，秘書はその指示に従って補佐します。

◆通夜・葬儀

通夜や葬儀が始まる前に参列者のための控室が用意されますが，秘書はここで接遇を担当することがあります。葬儀では，右側に遺族・親族，左側に会社側の人が並びます。

焼香はまず葬儀委員長が行い，次に喪主・遺族・親族，その後に会社側参列者が行います。

◆告別式

通常，告別式では秘書が受付を担当します。受付では会葬者芳名録に参列者の住所・氏名を記帳してもらいます。

預かった香典は紛失しないように責任を持って管理し，告別式が終了したら担当者に確実に渡します。

Let's Study! よく出る問題

■適当＝○か不適当＝×か考えてみよう。

□ 会社の会長が亡くなった。明日の朝刊に掲載されるであろうから，外部からの問い合わせの電話が予想されるので，
1）死因と享年
2）喪主の氏名と続柄
3）供物や供花，香典の扱い
4）参列者の服装
について調べておいた。

解説：葬儀参列者の服装は，近親者は喪服だが，一般の参列者は喪服でないといけないということはないので，問い合わせに答えることではない。4）は不要。

解答＝×

これは間違い！

上司の家族の告別式で受付を手伝う場合は，香典は出しますが，記帳は必要ないと思います。

間違いの理由

他の参列者と同じように，香典を出し，記帳します。

☆ 上司の家族への弔事

　上司の家族に不幸があった場合は，秘書は次のような対応をします。

◆関係者への連絡

　関係者（上司の上役や部下など）に葬儀の日時などの連絡を行います。

◆葬儀の手伝い

　葬儀で受付などを手伝う場合には，家族の人の指示に従います。

◆上司の休み中の対応

　上司の家族が亡くなると，しばらくの間，上司は会社を休むことになります。その間の業務処理をどのようにするか，上司や上司の部下などと打ち合わせておく必要があります。

受付の手伝いでは，参列者に住所・氏名を記帳してもらいます。香典の取り扱いには十分注意します。

Let's Study!
よく出る問題

■適当＝○か不適当＝×か考えてみよう。
□①上司の家族の葬儀で上司の部下とともに受付を任されたとき，喪主宛てに弔電が届いたので，差出人と電文の内容を確認して，喪主に渡した。
□②上司の指示で葬儀の受付を手伝ったが，会葬者のコートや手荷物は，焼香のとき邪魔になるので受付で預かった。
解説：①届いた弔電は受付で受け取り，まとめて喪主に渡すか，霊前に供える。受付係は差出人と電文の内容を確認する役目ではなく，勝手に弔電を読んだりするのは不適当。
　解答＝×
②解答＝○

第4章 マナー・接遇

☆ 上司の代理で参列する場合

　上司に代わって秘書が代理で告別式に参列する場合があります。告別式での手順を心得ておきます。

①受付であいさつする。「このたびはご愁傷さまでございました」
②香典を渡す。「○○から預かって参りました」「御霊前にお供えください」
③会葬者芳名録に記帳する。上司の名前を書く。代理の場合は（代）と書く。
④会葬者席に着席し読経の後，焼香をする（仏教の場合）。神式の場合は玉串奉奠，キリスト教式の場合は献花をする。

7 贈答のマナー

Key フレーズ 「お中元・お歳暮は喪中でも贈る」

中元や歳暮は，日ごろ世話になっている相手先に感謝の気持ちを届ける贈答なので，喪中であっても贈ります。ただし，歳暮を贈る時期を逃して年明けになる場合は，年賀ではなく寒中見舞いとして贈るようにします。

☆ 贈答のしきたり

　贈り物にはタイミングが重要です。時機を逃すとせっかくの心遣いも間が抜けたものになってしまいます。また，お中元やお歳暮などは昔からのしきたりとして贈る時期が決まっているので，その期間を守るようにします。以下のようなことを心得ておきましょう。

	時 期	備 考
●お中元	地域によって異なるが，一般的には7月初旬から15日まで（関西などは一月遅れ）に贈る。	デパートに配送を頼む場合も挨拶状は添える。この時期を過ぎたら立秋までは暑中御見舞とし，その後は残暑御見舞とする。
●お歳暮	12月初旬から12月20日ごろまでに贈る。	中元同様，恒例の贈答。年明けになるようなら1月7日（関西などは15日）までは年賀とし，その後は寒中御見舞とする。
●結婚祝い	知らせを受けたら早めに贈る。	直接持参する場合は，吉日の午前中がよい。
●賀寿	数日前に贈る。	相手の趣味，好みに合うものを考慮して贈る。
●記念式典・落成式	数日前に贈る。	招待状の返事はすぐ出すようにする。祝いの品は花瓶や酒など。
●病気見舞い		現金が最も喜ばれる。鉢植えの花は避ける。病院への見舞いは面会時間や病状を確認する。

☆ 贈答品の選び方

　贈り物をするのは，それを通して意思伝達を図り人間関係をよりよくしていくためです。贈られる方は，単に金品に対してではなく，贈り手が気にかけてくれた心遣いや配慮に対してありがたく思うものです。つまり，贈り物は気持ちを伝えるものですから，品物選びも相手の趣味や好みなどに心配りをすることが大切です。

　次の点を考慮して，相手に喜んでもらえるような品を選びます。

どれにしようかしら？

- ●相手の地位や家族構成を考慮する。
- ●目的にふさわしい品物にする。
- ●予算に合わせる。
- ●相手が希望する品があれば，それを優先する。
- ●会社の前例を参考にする。

☆ 上司の交際範囲を把握する

　秘書は，上司に関連する団体等への贈答を頼まれることもあるため，上司の交際範囲を把握しておくことも必要です。

　上司が社外の団体に加入している場合には，それらの団体の性格や活動内容，諸団体での上司の地位や役割，年間行事予定などについても理解しておきましょう。

　関係する団体には下記のようなものがあります。

- ●出身地，出身校に関する団体。
- ●研究・学術団体。
- ●福祉団体，慈善団体。
- ●公益法人。
- ●経済団体，業界団体。
- ●文化，芸術，スポーツ関係の団体。
- ●官庁，民間の各種委員会など。

Let's Study!
よく出る問題

■適当＝○か不適当＝×か考えてみよう。
□①祝儀袋は見栄えのするものより，簡素なものがよい。
□②「御用納め」とは，歳暮の品を贈っても失礼にならない年内最後の日のこと。
解説：①祝儀袋は中に入れる金額に合わせた体裁の袋にするのがよい。従って，簡素なものがよいというのは不適当である。
解答＝×
②御用納めとは，官庁で12月28日にその年の仕事を終わりにする日のこと。
解答＝×

第4章 マナー・接遇

8 贈答の上書き

■これだけは押さえておきたい■
Key フレーズ 「病気見舞いのお返しの上書きは『内祝』」

香典返しの上書きは『志』，出産，新築祝いなどの慶事や病気見舞いのお返しなどは『内祝』とします。このほか，交通費名目で謝礼を出すときは『御車代』，目下の人に出す少額のお礼は『寸志』とします。

☆ 袋の選び方と水引の種類

　慶事や弔事で現金を贈る場合には，一般的には市販の祝儀袋，不祝儀袋が多く用いられます。その場合，中に入れる金額に見合った体裁の袋を選ぶようにします。

◆水引の種類

　袋にかけてある水引の「ちょう結び」は，一般の慶事のように何度あってもよいことに使います。「結び切り」は，二度とないようにとの意味で結婚や弔事，災害時の見舞いなどに使います。

何度あってもよいことには「ちょう結び」，二度とないようにと「結び切り」にします。

⬆ ちょう結び。 ⬆ 結び切り。

◆袋の合わせ方

　慶事と弔事では袋の合わせ方が違うので注意します。

⬆ 慶事の合わせ方。 ⬆ 弔事の合わせ方。

☆ 上書きの書き分け

上書きは用途によって，以下のように書き分けます。

	上書き	用　途
慶事	●御祝	新築，開店，栄転など一般慶事。
	●寿	結婚，賀寿などの祝い。
	●内祝	家内の慶事。慶事や病気見舞いのお返し。
弔事	●御霊前，御仏前　御香典，御香料	仏式の葬儀，告別式，法要。ただし，一般的に御霊前は四十九日の法要まで，御仏前はその後。
	●御霊前，御神前　御玉串料 (おんたまぐし)	神式の葬儀，告別式，御霊祭 (みたま)。
	●御霊前，御花料	キリスト教式の葬儀，追悼式，記念式。
	●志	香典返し。
	●御布施 (おふせ)	葬儀や法要で，寺や僧侶へのお礼。
他	●謝礼，薄謝 (はくしゃ)，寸志	一般の御礼。寸志は目下の人への謝礼。
	●御見舞，祈御全快	病気，けが，入院のお見舞い。
	●○○御見舞	災害見舞い。○○に，震災，火災などを書く。
	●記念品，御餞別 (せんべつ)	転勤や送別会など。
	●粗品	訪問のときの手土産など。
	●御祝儀	地域の祭礼への寄付，心付け（チップ）。

第4章 マナー・接遇

これは間違い！

宛名を左上に書いて，連名で贈るときは，上位者を右から順に書くようにしています。

間違いの理由

連名で贈る場合は，上位者を右から順に書きますが，宛名を書く場合は，左上に宛名を書くので，上位者を左から順に書くようにします。

⬆ 宛名がある連名の場合は，左から上位者を書く。

1 難易度 ★★★☆☆ できて ひとまずホッ!!　　チェック欄

　秘書Ａは上司（総務部長）から，「創立60周年記念式典」の招待状の発送と当日の受付を担当するように指示された。次はその仕事をするについてＡが考えたことである。中から<u>不適当</u>と思われるものを一つ選びなさい。

1) 会場の案内略図は，分かりやすいように封筒の裏面に印刷するのがよいのではないか。
2) 当日出席者の案内がスムーズにできるように，案内係に席次表を配っておくのがよいのではないか。
3) 当日受付で招待客名簿とすぐに一致するように，招待状に番号を付けておくのがよいのではないか。
4) 来賓には特別な胸章を着けてもらうなど一般客と異なる対応があるので，受付は別にするのがよいのではないか。
5) 招待状の宛名は毛筆書きにして，株式会社は（株）などと略さず，氏名には役職を付けるのがよいのではないか。

2 難易度 ★★★☆☆ できて ひとまずホッ!!　　チェック欄

　次のそれぞれを何というか。（　　　）内に答えなさい。

1) 葬儀に参列すること。　　　　（　　　　　　　　　　　）
2) 葬儀の主催者のこと。　　　　（　　　　　　　　　　　）
3) 会社が行う葬儀のこと。　　　（　　　　　　　　　　　）

3　難易度 ★★★★☆ 😊 **できたら拍手! 視界良好**　　チェック欄 □

　次の「　　」内は，秘書Ａが贈答品のお返しについて聞かれたときに言ったことである。中から<u>不適当</u>と思われるものを一つ選びなさい。

1）病気見舞いのお返しの上書きは『御祝』でよいかと聞かれて
　　「『快気祝』『全快内祝』などと書くのがよいのではないか」
2）中元や歳暮が届いたらお返しはすぐするものかと聞かれて
　　「季節のあいさつなので，なるべく早く贈るのがよいのではないか」
3）災害見舞いをもらったときのお返しはどうするかと聞かれて
　　「落ち着いてから，その後の状況を報告するだけでよいのではないか」
4）就職を世話した人からの贈り物のお返しはどうするかと聞かれて
　　「はがきで，礼の言葉を添えて受け取ったことを知らせるだけでよいのではないか」
5）転勤で栄転祝いをもらったときのお返しはどうするかと聞かれて
　　「落ち着いてから，近況報告を兼ねてその土地の物などを贈るのがよいのではないか」

4　難易度 ★★★★☆ 😊 **できたら拍手! 視界良好**　　チェック欄 □

　部長秘書Ａ（中村正和）が，上司（山田一郎）の代理で取引先の葬儀（仏式）に参列することになった。この場合の次の二つについて，それぞれ答えなさい。

1）受付で言う悔やみの言葉。
2）会葬者芳名録に書く名前。

第4章 マナー・接遇

1＝1）周年記念式典は，形式や格式を重んじた行事であるから，そのことを意識したやり方が必要。地図は別に印刷して同封するのが一般的で，封筒の裏面に印刷するなどは不適当ということである。

2＝1）会葬　2）喪主　3）社葬

3＝2）中元や歳暮は日ごろ世話になっていることの礼を，季節のあいさつとして品物ですること。従って，届いたからお返しをするという筋ではないので，なるべく早く贈るのがよいと言ったのは不適当。到着の通知を兼ねた礼状を出しておくのがよい。

4＝【解答例】1）このたびはご愁傷さまでございます。　2）山田一郎（代）

合否自己診断の目安

　正解率60％以上が合格の目安としてください。ここでは，4問出題したので，3問以上の正解でクリアです。

　ただし，「第4章　マナー・接遇」全体では，合計16問なので，10問以上の正解でクリアとなります。

| 3　交際 | 4問中 | 問正解 | ●正解率＝ | ％ |

| 第4章　マナー・接遇（計） | 16問中 | 問正解 | ●正解率＝ | ％ |

さて，「第4章　マナー・接遇」が終了しました。成績はどうでしたか？　何問正解したかも重要ですが，苦手な部分はどこなのかをチェックしておくことも大切ですよ。
次は，「技能」への挑戦です。気を引き締めて取り組んでください。

第**5**章

技　能

会議と秘書

会議に関する知識

■これだけは押さえておきたい■
Key フレーズ 「フォーラムは公開討論会である」

会議（討論会）には公開するものと非公開で行うものがあります。フォーラムやパネル・ディスカッション，シンポジウムなどで，公共性が高いテーマを議論する場合は公開を原則としますが，企業の会議は基本的に非公開会議です。

☆ 会議の形式 ＊理解したらチェックしよう

会議の形式としては，以下のようなものがあります。

☐ 円卓会議　フリートーキングともいう。席次など気にせずに自由に話し合う形式。20人ぐらいが限度。

☐ パネル・ディスカッション (Panel discussion)　選ばれたパネリストがそれぞれの立場で，聴衆の前で討論し，その後，聴衆からの意見や質問を受ける形式で行う。視野の広い見解を求め，お互いの知識を広げる目的を持つ会議に適している。

☐ シンポジウム (Symposium)　公開討論会。さまざまな立場の意見が必要なとき，数人の専門家が異なった立場でそれぞれ意見を発表し，聴衆と質疑応答する形式。

☐ フォーラム (Forum)　公開討論会。一つの話題を中心に討論。参加者全員で意見交換をする。

☐ バズ・セッション (Buzz session)　「ガヤガヤ会議」と直訳される。参加者が6〜12人ぐらいの小グループに分かれて，一定時間テーマに基づいて話し合う。その後，各代表者が意見や主張を発表する。

☐ ブレーンストーミング (Brainstorming)　参加者が自由に意見やアイデアを出し合う。人のアイデアからさらに発想を広げることもでき，実現できそうもないことでも発表してよい。商品名やキャッチフレーズを決めるときなどによく使われる。他人の意見を批判してはいけないなどのルールがある。

会議用語 ＊理解したらチェックしよう

　会議の用語には，以下のようなものがあります。

□ 招集（召集）	会議を開催するために関係者を集めること。国会では「召集」が使われる。一般的には「招集」。
□ 議案	審議する事項のこと。議案が多い場合は「第1号議案」「第2号議案」などと番号を付ける。
□ 定足数	会議の成立に必要な最低人員数のこと。定足数に満たない場合は会議は成立しない。
□ 動議	会議中に，予定されている議案以外の議題を提出すること。
□ 採決	出席者が挙手・起立・投票などの方法によって議案の可否を決めること。議決ともいう。
□ 諮問・答申	上級者（組織）が，下級者（組織）や学識経験者などに特定の問題について意見を求めることを諮問といい，その答えを答申という。そのための組織を諮問委員会などという。
□ 分科会	大きな全体会議などの下に設置された，専門分野ごとの規模の小さい会議のこと。小委員会ともいう。
□ 一事不再議の原則	会議で一度決まったことは，その会期中に再度審議することはできないという原則。

これは 間違い！

キャスチングボートとは，議論を打ち切って採決をする議長権限のことです。

間違いの理由

採決をして，賛成反対が同数だったときに，議長や委員長が決定する決裁権のことです。

Let's Study!
よく出る問題

■適当＝○か不適当＝×か考えてみよう。
□ 会議での出席者数とは，実際に出席した人の数のことで，議決権を委任した委任状の数は出席者数には含まれない。
解説：委任状がある場合は，会議に出席したことになり，出席者として計算される。
解答＝×

第5章 技 能

2 会議の計画と準備

Key フレーズ 「オブザーバーの席は一番後ろにする」

オブザーバーとは，発言権はあっても議決権はないという立場の参加者で，会議の正式なメンバーではありません。従って，オブザーバーの席は一番後ろか議長席（またはリーダー席）から遠い場所に配置します。

☆ 上司が主催する会議の準備

　上司が主催する会議の場合は，下記の手順で準備します。なお，会場を選ぶ際には，人数に応じた広さ，予算，必要な時間，備品の貸し出し，照明，冷暖房，換気などをチェックします。

① 参加者の選定
- 上司の指示を受け参加予定者をリストアップする。
- 上司にリストを見せて確認してもらう。

② 会場の選定
- 広さや備品など目的に対応できる会場を選ぶ。社外の会場の場合は，交通の便も考慮する。
- 適切な会場候補を挙げ，上司の了解を得て予約する。

③ 資料の準備
- 上司に準備すべき資料を確認する。
- 通知状に添付する資料があれば作成する。

④ 開催通知と出欠確認
- 開催通知状を作成し，参加予定者に送付する。
- 出欠の確認をする。

その他の確認
- 会議中の食事・茶菓の接待。
- 会議中の電話の取り次ぎ。
- 会議中の記録の有無。取るなら担当はどうするか。
- 宿泊の手配の有無。

⑤ 会場の設営
- 会議の目的に応じた机・椅子などの設営をする。
- 必要な機器類を設置する。
- 茶菓・食事の手配をする。
- 必要な資料を用意する。事前に配布した場合は，予備を用意する。

☆ 会議の開催案内

　社外会議の場合は，開催日の1カ月くらい前に通知状を送付します。通知状には次のような項目を入れます。

●会議の名称。
●開催日時（開始・終了予定時刻）。
●開催場所（地図・電話番号・会場名・階・室名・部屋番号など）。
●議題（開催の趣旨）。

●出欠（連絡方法と締切日）。
●主催者（事務局）名と連絡先（担当者名）。
●駐車場，食事の有無。
●そのほか，資料や注意事項など。

☆ 会場設営

　目的にあった設営のレイアウトや席の配置をします。

●議長席やリーダーの席は，参加者全員から見える場所に配置する。
●記録者席は，発言者の顔が見える位置に配置する。
●オブザーバーの席は，一番後ろか議長席から遠い場所に配置する。

⬆円卓式。意見交換中心の会議向き。20人程度が限度。

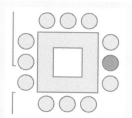
⬆ロの字形。用途は円卓式と同じだが，多人数向き。

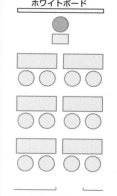
⬆教室形式。参加者が多い場合または情報伝達を目的とする会議向き。

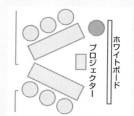
⬆Vの字形。プロジェクターやホワイトボードを使用するとき。

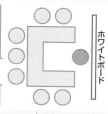
⬆コの字形。用途はVの字形と同じだが，多人数向き。

●はリーダーまたは議長席です。

第5章 技能

3 会議中の秘書の役割

「定刻近くなっても来ない人には連絡を取る」

参加予定者が開始間近になっても来ない場合は，連絡を取って確認します。急用で来られないのか，交通事情による遅刻なのか，何分遅れるのかなどの情報によって，上司は開会時刻を遅らせるかどうかを判断するからです。

☆ 開催当日の会議前，会議中の主な仕事

　上司が主催する会議開催日当日に秘書が行う仕事は以下のようなものです。

◆出欠確認

　事前に作成した参加予定者一覧表に基づいて出欠を確認します。人数が多い場合や配布資料がある場合は，入り口に机を設けて対応し，コートや荷物もそこで預かります。定刻近くになったら出欠状況を上司に報告し，定刻になっても現れない参加予定者には電話連絡します。

◆会場の管理

　秘書は，会議場の冷暖房，換気，騒音に注意して調節，管理をします。またコートや持ち物など参加者から預かった物を確実に保管します。

◆接待

　茶菓や飲み物，食事のサービスをどのようにするか(時間や回数)事前に打ち合わせておきます。

◆会議中の電話の扱い

　会議中，参加者にかかってくる電話の扱いについても，事前に上司と打ち合わせておきます。参加者に電話の伝言を伝える場合は，小声でも口頭で伝えることは厳禁。必ずメモで取り次ぐようにします。

　また，携帯電話の扱いについても，「電源を切る」「マナーモードにする」など事前に決め事をしておき，参加者にも了解を得ておきます。

◆記録を取る

　上司の指示があれば秘書が記録を取り，議事録を作成する場合もあります。議事録には以下のような項目を記載します。

- ●会議名。
- ●日時・場所。
- ●主催者名，議長名，司会者名。
- ●参加者名（参加人数・欠席者名も）。

- ●議題（テーマ）。
- ●発言者と発言の要旨，経過，内容。
- ●決定事項，結論。
- ●議事録作成者名。

☆ 会議終了後の主な仕事

　会議が終了したら，以下のような要領で参加者を送り出し，会場の後始末をします。

① 参加者への対応	●車で帰る人のために車の手配をする。 ●預かったコートや持ち物を間違いなく返す。 ●会議中に受けた伝言を忘れずに伝える。 ●忘れ物がないか確認する。
② 会場の後片付け	●資料や備品を片付ける。 ●机を元通りにし，コップなどを片付ける。 ●エアコン・換気扇・照明器具などのスイッチを切る。 ●窓を閉め，戸締まりをする。
③ 管理者への対応	●会議室の管理者に会議終了を告げ，必要ならその場で費用の精算をする。

これは間違い！

食事は会議の状況とは関係なく，上司と事前に決めた時刻になったら，配布しようと思っています。

間違いの理由

お茶と違って，食事を配ると議事が中断しがちです。会議が白熱している場合などは，上司に食事の時刻になったことと，区切りのよいところで食事の指示をしてもらうようにメモで伝え，指示を待つようにします。上級秘書はこれくらいの心配りができなければ勤まりません。

第5章　技能

1 難易度 ★☆☆☆☆ 😣 できないと キビシ～!! | チェック欄 |

　次は秘書Aが，ホテルの会場で行う上司主催の営業所長会議の準備として行ったことである。中から<u>不適当</u>と思われるものを一つ選びなさい。

1) 前日，ホテルに送った荷物の到着を確認して，明日は会場に入れておいてもらいたいと頼んだ。
2) 営業所名と名前を書いた机上札を置くことになっているので，上司に席次は前回と同じでよいか確認した。
3) フロントに，会議中に出席者宛ての電話がかかってきたら，自分に取り次いでもらいたいと頼んだ。
4) 終了後に昼食を出すことになっているので，ホテルの人に予定の時間を伝え，合図は私からすると言って給仕を頼んだ。
5) 途中退席することになっている営業所長が，席をドアの近くにしてもらいたいと言ってきたが，すまないが決まっていると言って断った。

2 難易度 ★★☆☆☆ 😌 できないと アヤウイ! | チェック欄 |

　次は秘書Aが，ホテルで行う上司主催の営業所長会議の準備として行ったことである。中から<u>不適当</u>と思われるものを一つ選びなさい。

1) 資料は事前に宅配便でホテルのフロント気付で送り，前日に到着確認をしておいた。
2) 照明や室温の調整はこちらですると言って，ホテルの人に調整の仕方を教えてもらった。
3) 直前に欠席の連絡をしてきた人がいたので，机上札を外して席を詰めた。
4) フロントに座席表を渡し，電話は本人に直接取り次いでもらいたいと頼んだ。
5) 昼食はホテル内のレストランに席を予約し，料理の注文は各人がすると伝えた。

3 　難易度 ★★☆☆☆ できないと アヤウイ!　　　チェック欄 □

　次は会議用語とその説明である。中から<u>不適当</u>と思われるものを一つ選びなさい。

1)「白紙委任状」とは，委任先や委任事項の書かれていない委任状のこと。
2)「定足数」とは，会議の成立に必要な最小限の出席人数（株主総会では持ち株数）のこと。
3)「答申」とは，下部組織（付設の委員会など）が上位組織から求められて意見を述べること。
4)「動議」とは，議論が紛糾し話し合っているうちに，最初の議題から話題が逸脱してしまうこと。
5)「キャスチングボート」とは，可否同数となったとき，議長がどちらかに決することができる権限のこと。

4 　難易度 ★★★☆☆ できて ひとまずホッ!!　　　チェック欄 □

　秘書Aが所属する部署では来月から週に一度朝礼を行うことになり，Aは先輩と事前の準備をすることになった。次はそのとき決めたことである。中から<u>不適当</u>と思われるものを一つ選びなさい。

1) 遅刻や欠席の場合は理由を申告してもらう。
2) 全員がそろわなくても定刻になったら始める。
3) 時間は10分以内とし，立ったままで行うようにする。
4) 電話が鳴ったときは，気が付いた人が取るようにする。
5) その日の朝礼の担当者は中座してはいけないことにする。

第5章 技 能

次は会議に関する用語の説明である。それぞれ何というか。（　　）内に答えなさい。

1) 会議中に出される予定外の議案。　　　　　　（　　　　　　　　　　　）
2) 会議の成立に必要な最小限の出席者数。　　　（　　　　　　　　　　　）
3) 上位の機関から尋ねられたことへの返答。　　（　　　　　　　　　　　）
4) 議案や意見などを，正式に採り上げること。　（　　　　　　　　　　　）

秘書Ａの上司は業界団体の事務局担当理事もしているので，Ａは事務局の仕事を手伝うことがある。次は，業界団体の総会の開催に当たって受け取った委任状について，先輩から教えられたことである。中から不適当と思われるものを一つ選びなさい。

1) 委任状は，総会で委任された人の議決権行使が済めば，本人に返送することになっている。
2) 会員が総会を欠席するとき，自分の議決権を，会員を指名して委任する文書が委任状である。
3) 総会での出席者数は，実際に出席した人の数と，委任状で出席したことになる数の合計である。
4) 委任状は，委任する人を指名することになっているが，特に指名がない場合は理事長などとする。
5) 委任状が出されていればその会員は出席していなくても，出席して議決権を行使したことになる。

1＝5）会議中の退席は進行の妨げになることもあるから，ドアの近くというのはよいこと。また，営業所長会議なら，それほど席次にこだわることはないので，むげに断ったのは不適当ということである。

2＝4）上司主催の会議で出席者宛てに電話があれば，フロントからＡが連絡を受けＡが取り次ぐというのが一般的な対応の仕方。フロントに座席表を渡して，本人に直接取り次いでもらいたいと頼むなどは不適当ということである。

3＝4）「動議」とは，会議中に予定外の議題を出すこと。または，その議題のことである。

4＝4）朝礼は朝全員が集まってあいさつや連絡，報告などをする行事。全員が参加することに意味があるので，電話を取る人を決めて他の人は気にしなくて済むようにするなどの対応が必要。従って，気が付いた人が取るなどは不適当ということである。

5＝1）動議　2）定足数　3）答申　4）採択

6＝1）総会などの委任状は，欠席する人が出席する特定の人に，自分の議決権を行使してもらうための文書である。従って，議決が済めば委任状の役割も済んだことになる。ただし，議決の証拠となる文書なのでしばらく保管する必要があり，返送したりはしない。

合否自己診断の目安

　正解率60％以上を合格の目安としてください。ここでは，6問出題したので，4問以上の正解でクリアです。

1　会議と秘書	6問中 □ 問正解 ●正解率＝ □ ％

いよいよ筆記試験最後の章へのチャレンジです。その第一弾「会議と秘書」の成績はいかがでしたか？
60％の正解率は，あくまでも最低のクリアラインです。
常に100％クリアを目標にしましょう!!

Lesson 1 社内文書

「1枚の用紙に1件書くのが1文書1件主義」

上司に伺いを立てる稟議書などは必ず1件について1枚の用紙に書きます。1枚の用紙に複数の案件を書くと，1件は承認するが他は保留という場合などに困るからです。

☆ 社内文書の能率化

忙しいビジネスの場では，社内文書も能率化を図るように作成する必要があります。次のようなことに留意します。

- あいさつ文は省略する。
- 過剰な敬語は控える。
- 文体は，本文は「です，ます」体に，記書きは「である」体または「名詞止め」に統一する。
- 受信者名は役職名だけにし，氏名を省くようにする。
- 出張報告書など，記入のためのスペースや項目が既に印刷されている文書があれば，それを活用する。
- 印刷されていなくても，よく使う文書はパソコンなどを利用してフォーム化する。
- 1件を1枚の用紙にまとめる「1葉1件」，あるいは一つの文書には1件しか書かない「1文書1件」を徹底する。

☆ 主な社内文書の書き方

通知・案内文書や報告書は以下の要領でまとめます。

◆通知・案内文書

最初に，通知・案内する主要事項を書き，次に付随する内容を具体的に書くようにします。そのほか，下記のことに留意します。

- 相手を特定するときは，所属部署，氏名を明記する。
- 長文にわたるときは，要旨・要約などを本文の最初に示す。
- 定例的な文書は様式を一定にして必要事項だけを書くようにする。

◆報告書

報告書は以下の要領で作成します。

●結論→経過の順でまとめる。
●5W3Hの要素を確認しながら，漏れがないようにする。
●事実の報告だけでなく，情報・意見の伝達などを念頭に置く。
●事実（客観）と意見（主観）を区別して書く。
●図解や箇条書きなどを活用して，分かりやすく書く。

☆ 社内文書の形式 ＊理解したらチェックしよう

社内文書の基本的な形式は以下の通りです。

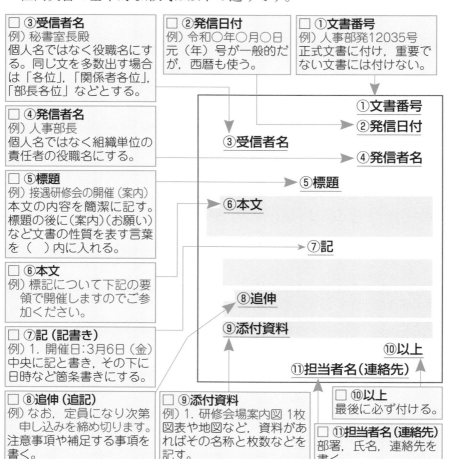

□③受信者名
例）秘書室長殿
個人名ではなく役職名にする。同じ文を多数出す場合は「各位」，「関係者各位」，「部長各位」などとする。

□④発信者名
例）人事部長
個人名ではなく組織単位の責任者の役職名にする。

□⑤標題
例）接遇研修会の開催（案内）
本文の内容を簡潔に記す。標題の後に（案内）（お願い）など文書の性質を表す言葉を（　）内に入れる。

□⑥本文
例）標記について下記の要領で開催しますのでご参加ください。

□⑦記（記書き）
例）1. 開催日：3月6日（金）
中央に記と書き，その下に日時など箇条書きにする。

□②発信日付
例）令和○年○月○日
元（年）号が一般的だが，西暦も使う。

□①文書番号
例）人事部発12035号
正式文書に付け，重要でない文書には付けない。

①文書番号
②発信日付
③受信者名
④発信者名
⑤標題
⑥本文
⑦記
⑧追伸
⑨添付資料
⑩以上
⑪担当者名（連絡先）

□⑧追伸（追記）
例）なお，定員になり次第申し込みを締め切ります。
注意事項や補足する事項を書く。

□⑨添付資料
例）1. 研修会場案内図 1枚
図表や地図など，資料があればその名称と枚数などを記す。

□⑩以上
最後に必ず付ける。

□⑪担当者名（連絡先）
部署，氏名，連絡先を書く。

「催促するときに出すのが督促状」

約束したことが実行されないときには督促状を出して，約束の実行を催促します。このほか，業務上例外的な事態に対応する文書としては，わび状，苦情状，抗議状，弁解状などがあります。

☆ 主な商取引上の社外文書

社外文書には，「商取引上の文書」と儀礼的な「社交文書」があります。商取引に関する社外文書には，以下のようなものがあります。

- **●通知状** 情報を伝える文書。会議の開催，支店等の移転や開設，人事異動や機構変更，商品・金銭・書類の受領などを知らせる。
- **●案内状** ビジネスと深く関わる行事などの案内文書。展示会，新商品発表会，技術開発説明会，セミナー開催などを案内する。
- **●依頼状** 依頼の文書。送付依頼，紹介依頼，調査依頼，斡旋依頼など。
- **●照会状** 不明な点を問い合わせる文書。商品在庫の有無，商品の仕入条件，会社の信用に関する照会などがある。
- **●回答状** 照会に対して答える文書。
- **●断り状** 相手の感情を害さないようにはっきり断ることがポイント。

☆ ビジネス文書の慣用語句

社外文書を作成する際には，以下のような慣用語句を利用します。

- **●ますます** 例）時下，ますますご清祥のこととお喜び申し上げます。
- **●さて** 例）さて，ご依頼の件ですが～。主文の書き始めに用いる。
- **●標記の件** 例）さて，標記につき～。標題を付けた場合に用いる。
- **●つきましては** 例）つきましては，ご多忙の折とは存じますが～。
- **●まずは** 例）まずは，ご通知申し上げます。最後の締めくくりに使う。
- **●取り急ぎ** 例）まずは取り急ぎお願い申し上げます。最後の締めくくりに使う。
- **●略儀ながら** 例）まずは，略儀ながら書中をもってごあいさつ申し上げます。略式ですがの意味。締めくくりに使う。

☆ 社外文書の形式と留意点 ＊理解したらチェックしよう

社外文書の基本的な形式は以下の通りです。

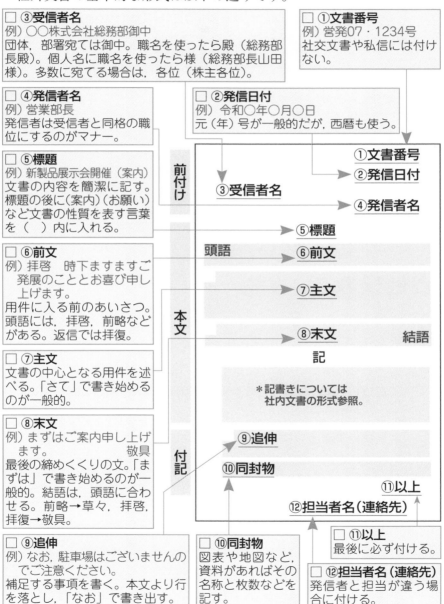

□ ③受信者名
例）○○株式会社総務部御中
団体，部署宛ては御中。職名を使ったら殿（総務部長殿）。個人名に職名を使ったら様（総務部長山田様）。多数に宛てる場合は，各位（株主各位）。

□ ①文書番号
例）営発07・1234号
社交文書や私信には付けない。

□ ④発信者名
例）営業部長
発信者は受信者と同格の職位にするのがマナー。

□ ②発信日付
例）令和○年○月○日
元（年）号が一般的だが，西暦も使う。

□ ⑤標題
例）新製品展示会開催（案内）
文書の内容を簡潔に記す。標題の後に（案内）（お願い）など文書の性質を表す言葉を（　）内に入れる。

□ ⑥前文
例）拝啓　時下ますますご発展のこととお喜び申し上げます。
用件に入る前のあいさつ。頭語には，拝啓，前略などがある。返信では拝復。

□ ⑦主文
文書の中心となる用件を述べる。「さて」で書き始めるのが一般的。

□ ⑧末文
例）まずはご案内申し上げます。　　　　　　敬具
最後の締めくくりの文。「まずは」で書き始めるのが一般的。結語は，頭語に合わせる。前略→草々，拝啓，拝復→敬具。

□ ⑨追伸
例）なお，駐車場はございませんのでご注意ください。
補足する事項を書く。本文より行を落とし，「なお」で書き出す。

□ ⑩同封物
図表や地図など，資料があればその名称と枚数などを記す。

□ ⑪以上
最後に必ず付ける。

□ ⑫担当者名（連絡先）
発信者と担当が違う場合に付ける。

前付け
①文書番号
②発信日付
③受信者名
④発信者名
⑤標題
頭語　⑥前文

本文
⑦主文
⑧末文　　結語
記

＊記書きについては
社内文書の形式参照。

付記
⑨追伸
⑩同封物
⑪以上
⑫担当者名（連絡先）

第5章 技 能

　「時候のあいさつに迷ったら『時下』が便利」

梅雨時など時候のあいさつの慣用句と実際の気候が異なる場合が少なくありません。そのような場合は、「時下、ますますご隆盛のことと」というように、「このごろ、このせつ」を意味する時下を使うのが無難です。

☆ 社交文書の特性

　取引先などとの関係を良好にするための「つきあい」の手紙が社交文書で、私信に近いものといえます。秘書が上司の出す社交文書を代筆したり、文案を作成する場合には次のようなことに注意します。

- ●しきたりやマナーを重んじ、失礼のないように心を配る。
- ●タイミングを逃さずに出す。
- ●内容は上司と相手との親密度を考慮する。

☆ 時候のあいさつ

　時候のあいさつには、以下のようなものがあります。

1月	お健やかに新春をお迎えのことと存じます。／厳寒の候／厳冬の候
2月	余寒なお厳しい折から／向春の候／余寒の候
3月	日増しに暖かになりますが／早春の候／春情の候
4月	よい季節になりましたが／陽春の候／春暖の候
5月	若葉の季節となり／新緑の候／薫風の候
6月	梅雨の長雨が続いていますが／初夏の候／梅雨の候
7月	急にお暑くなりましたが／盛夏の候／猛暑の候
8月	立秋とは名ばかりの暑さですが／残暑の候
9月	朝夕はしのぎやすくなり／新秋の候／初秋の候
10月	秋色いよいよ深まりましたが／秋冷の候／紅葉の候
11月	菊花香る折りから／霜降の候／晩秋の候
12月	暮れも押し迫ってまいりましたが／初冬の候／歳晩の候

社交文書の種類

社交文書には以下のようなものがあります。

●紹介状　人を紹介するために先方に宛てた書状。友人，目下の人宛ての
　　　　　ときは，名刺に紹介文を書き印を押す簡略化したものが多い。
　　　　　目上の人宛てのときは手紙を封筒に入れ，封をせずに渡す。

●慶弔状　祝電・弔電など電報を利用することが多い。慶弔を知ったら
　　　　　内容を確認し，早く対処する。悔やみ状を書くときは，忌み
　　　　　言葉に気を付け，頭語や前文を省いてすぐ本文に入る。

●見舞状　病気や災害などを見舞うときに出す書状。暑中見舞，寒中見
　　　　　舞などもこれに含まれる。

●招待状　式典やパーティーなどの催しに出席や参加を求める手紙。主
　案内状　催者が費用を負担する場合は招待状，一般に呼びかけて会費
　　　　　を徴収する場合は案内状になる。

●あいさ　役職者の異動や開店を知らせる際などに出す，儀礼的要素を
　つ状　　含んだ通知状。それを機会にさらなる厚意を得て，関係の発
　　　　　展を築いていこうとするもの。

●礼状　　お礼の書状。できるだけ早く出す。時機を逃すと間の抜けた
　　　　　ものになる。感謝の言葉は相手との関係を考慮して。

謹啓　時下ますますご隆盛のことと、お喜び申し上げます。

さて、このたび社業の発展を期するため、部長、支店長の異動を左記の通り行いました。

つきましては、今後とも一層のご支援を賜りますようお願い申し上げます。

まずは、略儀ながら書面をもってごあいさつ申し上げます。

敬具

⬆ あいさつ状の文例。

第5章　技能

■これだけは押さえておきたい■
Key フレーズ 「口述筆記はその場で文章にしなくてよい」

> ビジネスの場での口述筆記は，その場で文章にするわけではありません。従って上司の言葉を一語一句間違えないように書く必要はありません。要点をメモし，記憶があるうちに補足して，最後に文章にまとめます。

☆ メモの活用

　秘書は目的に応じて適切にメモを取り，それをうまく活用することが大切です。メモには，次のようなものがあります。

●心覚えメモ　自分のために作るメモ。間違いなく的確に仕事を処理するために上司の指示を書き留めておいたり，よりよい接遇をするために来客の特徴や好みを書き留めておくなど，いわば「覚え書」としてのメモである。

●伝言メモ　人に伝えるためのメモ。上司が不在中の来客の用件や電話の内容などを要領よくまとめておくことで，口頭で伝言する際も正確に伝えることができる。

●相互協力の　仕事の内容を確認するためのメモ。チームで仕事をする
　ためのメモ　ときなど，仕事の分担や進め方などについて互いにメモを取って確認しておけば，メモを頼りに円滑に仕事を進めていくことができる。

☆ 簡単な口述筆記の仕方

　中級以上の秘書になると，上司の話を聞いて要点をメモし，最終的には文章に仕上げていくという簡単な口述筆記の技能が求められます。

◆口述筆記の要領

　口述筆記をする際には，以下のことに留意します。

●常に「要点は何か」を意識し，上司の話は漏れなくしっかり聞く。

●上司の話を聞きながら要点をメモする。略号や符号を用いるなど，独自に工夫し，要領よくメモする。

- ●同音異義語を誤らないように注意する。
- ●後で読んで分かるように書く。
- ●書いたメモを見ながら復唱し，内容を確認する。特に日付，時間，場所，数量，金額，人名などの重要データは念を入れて確認する。
- ●メモした後は，内容を記憶しているうちに細部を補って書き加える。

◆口述筆記をまとめる際の注意

　口述筆記を終えたら，文章にまとめます。文章は正確で分かりやすく，簡潔にまとめることが基本です。そのほか以下のことに留意します。

- ●内容の区切れごとに行を改める。
- ●内容のブロックごとに見出しを付ける。
- ●漢字等，表記を正しく書く。
- ●長過ぎる修飾語を付けない。
- ●二重否定のような分かりにくい表現を避ける。
  例）×化粧品でないということではない。
  　　○化粧品である。
- ●箇条書きにする。
- ●自分の判断を入れない。
- ●日付，時間を入れ，いつの情報か分かるようにしておく。

Let's Study！
よく出る問題

■適当＝○か不適当＝×か考えてみよう。（口述筆記したときに書いた漢字）
- □①雨天のため心配されたが，客足は以外なほど伸びた。
- □②ひとかたならぬご好意に感謝いたしております。
- □③担当していた山田部長は人事移動により企画部長に就任。
- □④他社は，当社の方針とは対象的に低価格路線であり……
- □⑤アンケートの解答は今月末までにお願いします。
- □⑥ここ数年，無我霧中で新商品の開発に取り組んで参りました。
- □⑦夢を追求するだけでなく……。

解説：①「以外」は「意外」となる。
　　解答＝×
②「好意」は「厚意」となる。
　　解答＝×
③「人事移動」は「人事異動」となる。
　　解答＝×
④「対象的」は「対照的」となる。
　　解答＝×
⑤「解答」は「回答」となる。
　　解答＝×
⑥「無我霧中」は「無我夢中」となる。
　　解答＝×
⑦解答＝○

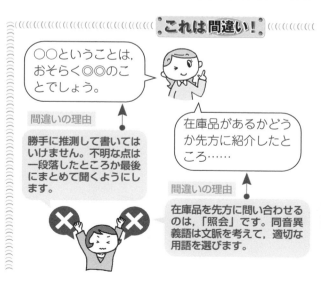

これは 間違い！

○○ということは，おそらく◎◎のことでしょう。

間違いの理由

勝手に推測して書いてはいけません。不明な点は一段落したところか最後にまとめて聞くようにします。

在庫品があるかどうか先方に紹介したところ……

間違いの理由

在庫品を先方に問い合わせるのは，「照会」です。同音異義語は文脈を考えて，適切な用語を選びます。

第5章 技 能

グラフには「支店別売上高」などのタイトルとデータを集計（調査）した年月日を入れます。また，何かの資料から引用して作成した場合は，資料名（出典），調査機関名，調査年月日なども書くようにします。

☆ 各グラフの特徴

◆折れ線グラフの特徴

　月・年ごとの生産統計や売上統計など時間の推移による数量の変化を表すときに使い，線の高低で数値の変化を表します。

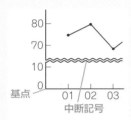

👆 折れ線グラフの例。

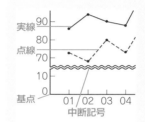

👆 組み合わせ
折れ線グラフの例。

◆棒グラフの特徴

　数量の大小を比較させるときに使い，棒の長さによって比較します。商品別売上高比較や店舗別売上高比較などに用います。

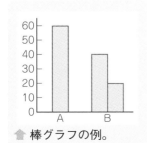

👆 棒グラフの例。

👆 組み合わせ
棒グラフの例。

Let's Study!
よく出る問題

■適当＝○か不適当＝×か考えてみよう。
□①商品別売上構成比の変化を年度別に表す場合は，折れ線グラフを用いると分かりやすい。
□②円グラフを書く場合は，基線から書き始め，必ず構成比が大きい項目から書くようにする。
□③円グラフの角度の求め方は，360度×項目の割合（％）である。
解説：①帯グラフの方が分かりやすい。
解答＝×
②調査項目などで，「非常によい」，「よい」，「どちらともいえない」，「よくない」，「非常によくない」，といった項目の場合は，構成比率に関係なく，この順に並べるとよい。また「その他」は構成比が大きくても最後にする。
解答＝×
③解答＝○

◆円グラフの特徴

　円周の全体を100％とし，各項目の構成比を扇形の面積の大小で表現します。パイグラフ（パイチャート）とも呼ばれます。

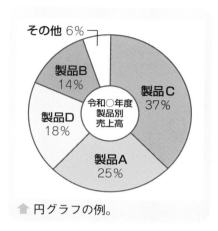

円グラフや帯グラフなどでは，項目を分かりやすくするために色分けしたり斜線を入れたりしています。

⬆ 円グラフの例。

◆帯グラフの特徴

　全体の帯の長さを100％とし，各項目の構成比を長方形の面積の大小によって表現します。同じ項目を年度別や国別・地域別などで比較する場合に用いると便利です。

前年度上期	C製品 25%	B製品 22%	A製品 17%	E製品 14%	D製品 10%	その他 12%
前年度下期	C製品 20%	B製品 16%	A製品 19%	E製品 20%	D製品 11%	その他 14%
今年度上期	C製品 26%	B製品 21%	A製品 20%	E製品 11%	D製品 12%	その他 10%

⬆ 帯グラフの例。

第5章　技　能

棒グラフや折れ線グラフなど数量を示す目盛りの始まりを基点と呼びますが，ここは必ず0から始めます。円グラフでは時計の12時の点から円の中心を結んだ線を基線と呼び，ここから右回りに構成項目を並べていきます。

☆ 棒グラフ，折れ線グラフのポイント

棒グラフ，折れ線グラフを作成する場合は以下の点に注意します。

- ●棒グラフで極端に長い棒になる場合は，図①のように2本にするか，図②のように中断記号を使って短くする。
- ●折れ線グラフで下が空き過ぎるときは，図③のように中断記号を使って，線の部分全体を適当な位置に下げると見やすい。
- ●折れ線グラフの線を太くする場合は，図④のように線の上端を目盛りに合わせる。
- ●マイナスがある場合は図⑤，図⑥のように処理する。

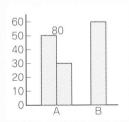

☝ 図① 極端に長い棒は2本にする。

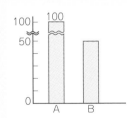

☝ 図② 中断記号を使って棒を短くする。

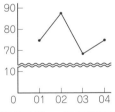

☝ 図③ 中断記号を使って全体を下げる。

☝ 図④ 太線の上端を目盛りに合わせる。

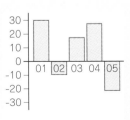

☝ 図⑤ マイナスがある棒グラフ。

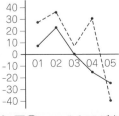

☝ 図⑥ マイナスがある折れ線グラフ。

円グラフ，帯グラフのポイント

円グラフ，帯グラフを作成する場合は以下の点に注意します。

- ●構成項目の百分率（パーセンテージ）を求め，それぞれ角度，帯の長さに換算する。
- ●円グラフでは，比率の大きい順に基線（図⑦，⑧）から時計回りに並べる。ただし，調査などで使用する「非常によい」「よい」「よくない」「非常によくない」「どちらともいえない」といった項目は，比率に関係なくこの順に並べるとよい。
- ●帯グラフでは，比率の大きい項目順に左から区切る。ただし，年度別に比較するため複数の帯グラフを並べて書く場合は，比較しやすいように項目の順序を変えない。
- ●「その他」の項目は比率に関係なく最後にする。

⬆ 図⑦　円グラフの基線。

⬆ 図⑧　中央にタイトルを入れる場合。

組み合わせグラフのポイント

複数の要素を組み合わせてグラフを作る場合は以下のようにします。

- ●大項目中に小項目のデータがあるときの円グラフは円を二重にする（図⑨）。
- ●棒グラフで，一つの項目に複数の要素を入れるときは棒を少しずらして重ねる。途中で前後が入れ替わっても，短い方を手前にする（図⑩）。
- ●「賛成」と「反対」など相反する数値を示すときは，対比を明確にするために一方のグラフの反対側に対称させた形のグラフを書く（図⑪）。

➡ 図⑨　二重円の円グラフの例。

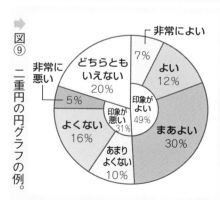

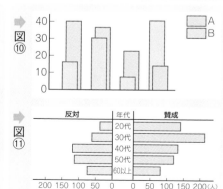

➡ 図⑩

➡ 図⑪

第5章技能

1 難易度 ★★☆☆☆ 😊 できないと アヤウイ！　　　　チェック欄

　次は文書の名称と，直接関係する用語の組み合わせである。中から<u>不適当</u>と思われるものを一つ選びなさい。

1) 覚書　　――　合意
2) 念書　　――　確認
3) 趣意書　――　忠告
4) 照会状　――　質問
5) 始末書　――　過失

2 難易度 ★★☆☆☆ できないと アヤウイ！　　　　チェック欄

　秘書Ａは先輩から教えられて，次の社外文書の下線部分の用語を，それぞれ『　　』内のように直した。中から<u>不適当</u>と思われるものを一つ選びなさい。

1) 病気見舞状の「ご治療にご専念を」を，『ご療養』にした。
2) 記念式典の案内状の「ご参加賜りたく」を，『ご来臨』にした。
3) 断り状の「遺憾ながらお考えに沿いかねます」を，『貴意』にした。
4) 要望を受け入れてもらった礼状の「うれしく存じます」を，『幸甚に』にした。
5) 役員就任あいさつ状の「専心努力いたす所存でございます」を，『衷心』にした。

3　難易度 ★★☆☆☆　😔　できないと アヤウイ!　　　　チェック欄

　次は，G社の広告の印象について，アンケート調査をした結果の構成比を表したものだが，グラフの書き方としては不適切である。これを適切なグラフにするために直すことや書き足すことを，箇条書きで四つ答えなさい。

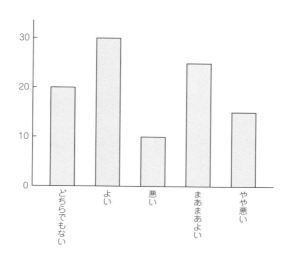

4　難易度 ★★★☆☆　😲　できて ひとまずホッ!!　　　　チェック欄

　次の中から，「　　」内の数え方が<u>不適当</u>と思われるものを一つ選びなさい。

1）会社の近くに高層ビルが「2棟」建つ予定だ。
2）観葉植物の鉢植えを，上司の部屋に「1基」置いた。
3）上司が知人から依頼された寄付は「1口」1万円だった。
4）同僚Cの結婚祝いに，茶わんと茶たくの「5客」そろえを贈った。
5）囲碁が趣味の客に上司が，今度「1局」お手合わせ願いたい，と言った。

次の下線部分の ____ 内に，その下の（　　）内の意味から考えて，該当する漢字を１文字ずつ書き入れて答えなさい。

1）同封の資料，____ いたしました。
　　　　　　（読む）

2）ご ____ の件について，ご回答申し上げます。
　（問い合わせ）

3）____ お繰り合わせの上，ご出席くださいますよう，ご案内申し上げます。
　（いろいろの差し支え）

4）つきましては，事情 ご ____ の上，ご了承くださいますよう，お願いいたします。　　　　　　（見当をつけて）

次は社交文書の一部である。下線部分に入る適切な慣用語を答えなさい。
※（　　　）内はその慣用語の意味。

1）拙著を _____ させていただきます。
　　　（差し上げる）

2）御礼 _____ ごあいさつ申し上げます。
　　　（兼ねる）

3）_____ を賜り誠にありがとうございます。
　（心からの親切）

4）_____ いただきご高見を拝聴いたしたいと存じます。
　（集まる）

1＝3）「趣意書」とは，何かをしようとするとき，そのことに賛同を得るために目的や理由などを書いた文書のこと。「忠告」とは，相手を思って過ちや欠点を直すように言うことなので直接の関係はない。

2＝5）「衷心」とは心の奥底から思うという意味で，「衷心よりおわび申し上げます」などのように使う。「専心」とは，心をそのことに集中するという意味。この場合，努力するつもりだと言うのだから「専心」のままでよかったということである。

3＝【解答例】1．円グラフにする。　2．タイトルを入れる。　3．単位（％）を入れる。　4．よい，まあまあよい，どちらでもない，やや悪い，悪い，の順にする。
【解説】4．は，「よい，まあまあよい，やや悪い，悪い，どちらでもない」の順もよい。

4＝2）鉢植えの数え方は「鉢」である。

5＝1）拝読　2）照会　3）万障　4）賢察・高察

6＝1）謹呈・献呈　2）かたがた　3）ご厚情・ご高配　4）ご参集

合否自己診断の目安

　正解率60％以上を合格の目安としてください。ここでは，6問出題したので，4問以上の正解でクリアです。

2　文書作成と秘書	6問中 ☐ 問正解 ●正解率＝ ☐ ％

グラフやメモの作成問題のほか，社内文書や社外文書の形式，慣用語句などがよく出題されます。
今回のレベルいかがだったでしょうか？　4問正解は難しかったかな？

SECTION 3 文書の取り扱い

Lesson 1 文書の受信業務

■これだけは押さえておきたい■
Key フレーズ 「『親展』『書留』は開封しないで渡す」

　「書留」は本人が開封する文書なので開封しないで渡します。また,「親展」と書かれた文書は「秘」扱いにし,開封しないで渡します。ただし,速達は単に急ぎという意味なので,上記以外の業務用の文書は開封して渡します。

☆ 受信文書の取り扱い

　文書を受信したときは以下のような項目をチェックします。

● 上司宛てか（他人宛てのものが紛れていないか）。
● 業務用の文書か私信か,また開封してよいかどうか。
● 記録は必要か不要か。
● 同封物は入っているか。入っていれば照合する。
● 請求書等は数字が合っているかどうか,確認する。
● ダイレクトメール（DM）は見せる必要があるものかどうか。

開封してよいもの（○）といけないもの（×）

私信文書	私信か業務用か不明な文書	業務用の文書	
×	×	下記以外	○
上司の友人や知人など,発信人が個人名になっているもの。	封筒の社名が線で消してあるなど,不明な場合や迷う場合は私信と考え開封しない。	親展 書留	× ×

> 私信,不明文書,書留,親展は開封しないで渡しています。

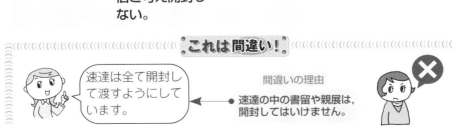

これは間違い！

速達は全て開封して渡すようにしています。

間違いの理由
● 速達の中の書留や親展は,開封してはいけません。

☆ 受信文書を上司に渡すときの留意点

　上司宛ての受信文書はかなりの数になる場合があります。それをそのまま渡すようなことをしてはいけません。以下の点に注意して，上司の手間を省くように心がけます。

◆緊急のもの，重要なものを上に

　上司宛ての文書を複数まとめて渡すときには，「急を要するもの」「重要なもの」を上にして渡すようにします。そうすれば，上司は緊急性のある重要なものから目を通し，順次適切に処理していくことができるからです。

◆必要なものをそろえて渡す

　来信が，こちらが出した文書の返信であれば，こちらの文書のコピーを添付しておきます。

　また，上司の決裁や回答などを求める文書の場合は，必要な資料を添付しておくようにします。

◆要約などの工夫

　長文の文書や添付資料がある場合は，要約をメモにして添えたり重要部分やキーワードをマーキングするなど，上司が受信文書の内容を効率よく把握できるようにします。

◆処理の確認

　上司から秘書に書類が戻されたら，次のようなことを確認します。

> ●上司はその書類全てに目を通したか。
> ●会議や行事の案内などは，間違いなくスケジュールに組み込まれたかどうか。
> ●決裁や回答が必要な場合は，それが確実に処理されたかどうか。
> ●受信文書の内容に基づいて，今後上司がしなくてはならない仕事，秘書がすべき仕事を予測し，必要なことを準備しておく。

急を要するもの，重要なものを上にして渡しています。

Let's Study！
よく出る問題

■適当＝○か不適当＝×か考えてみよう。
□①上司宛ての現金書留だったが，差出人が知らない名前だったので，「受信記録はしていない」と伝えて渡した。
□②差出人が見当の付かない個人名だったので，確認のため開封したと言って渡した。
解説：①受信記録というのは，確かに受け取ったということを記録しておくものであるから，差出人が誰かということとは関係のないことである。
解答＝×
②差出人が見当が付かない個人名ということは，業務用か私信か分からないということ。業務用か私信か不明なものは，私信として扱い，開封しない。
解答＝×

第5章技能

Key フレーズ 「『秘』扱い文書を発送するときの表示は『親展』に」

「秘」扱い文書を持ち歩くときなどは封筒に入れ，秘マークなどは付けません。わざわざ「秘」扱い文書であることを外部の人に知らせるようなものだからです。社外に発送するときは，「秘」の印を押した封筒に入れますが，それをさらに別の封筒に入れ，封筒には「親展」の表示をします。

☆「秘」扱い文書を作成するときの留意点

「秘」扱い文書は作成段階から注意を払う必要があります。次のようなことに留意します。

●「秘」扱い文書の文案や原稿は厳重に管理する。
●作成中のパソコン画面は人目に触れないよう注意し，磁気ディスク*などの記録媒体の保管にも神経を配る。
●コピーを取るときは，周囲に人がいないことを確認する。また，必要枚数だけコピーし，原稿の置き忘れがないように注意する。

「秘」扱い文書の原案なのに，パソコン画面を開いたまま離席するなんて!!

Let's Study!
よく出る問題

■適当＝○か不適当＝×か考えてみよう。
□①「秘」扱い文書を上司の指示で各部長に渡す場合，不在の部長に対しては，秘書に「秘」扱い文書だと伝え，封筒に鉛筆で，㊙と書いて渡した。
□②「秘」扱い文書をファイルするときは，封筒に入れて封をし，他の文書と一緒にフォルダーに入れている。
解説：①封筒に㊙と書いたのでは，封筒の中に「秘」扱い文書が入っていることが，部長秘書以外にも分かってしまう恐れがある。「秘」扱い文書であることを関係者以外に知られるのはよくないのだから不適当。
解答＝×
②「秘」扱い文書をファイルするときは，一般の文書とは別にし，鍵付きのキャビネットに入れて鍵をかけて管理する。
解答＝×

 用語 **Check** 【磁気ディスク】 データを磁気的，または光学的に記録しておくためのもの。

☆ 社内での「秘」扱い文書の取り扱い

社内で「秘」扱い文書を取り扱うときは，次の点に留意します。

- 「秘」扱い文書を取り扱い中に人が来たら，さりげなく裏返す。
- 離席するときは引き出しなどにしまう。
- 鍵のかかるキャビネットに保管するなど，一般文書とは別にする。
- 持ち歩く際は封筒に入れ，封筒には「秘」などと書かない。
- 他部署に渡すときは，本人かその秘書に直接渡し，文書受渡し簿に受領印をもらうようにする。
- 本人も秘書も不在のときは，他の人に預けないで持ち帰る。
- 複数の人に配布する場合は，コピーした文書に番号を付け，誰に何番のコピー文書を渡したか記録しておく。
- 廃棄するときは，上司に確認した上で文書細断機で処理する。

☆ 社外に発送するときの留意点

「秘」扱い文書を社外に発送するときには，次の点に留意します。

① 封筒に入れ，㊙の表示をする。
② さらに別の封筒に㊙の封筒を入れて発送する。外側の封筒には「親展」とだけ表示し，外からは中身が「秘」扱い文書であることが分からないようにする。
③ 簡易書留で発送し，控えの伝票を保管しておく。
④ 発送後，相手先に「秘」扱い文書を送ったことを電話で連絡しておく。

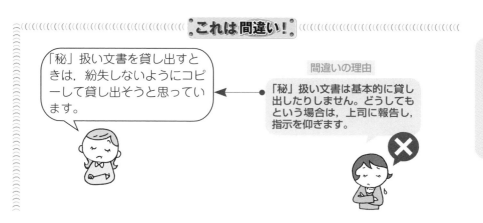

これは 間違い !

「秘」扱い文書を貸し出すときは，紛失しないようにコピーして貸し出そうと思っています。

間違いの理由

「秘」扱い文書は基本的に貸し出したりしません。どうしてもという場合は，上司に報告し，指示を仰ぎます。

第5章　技　能

郵便の知識

■これだけは押さえておきたい■
Key フレーズ 「祝儀袋を現金書留で送ることができる」

現金を入れた祝儀袋や不祝儀袋は，そのまま現金書留封筒に入れて送ることができます。また，現金書留封筒には紙幣だけでなく硬貨も入れることができ，通信文も同封できます。

☆ 郵便小包

通常郵便では発送できないものや，料金が割高になる重いもの，かさばるものなどを発送する場合は，郵便小包を利用します。郵便小包には次のような種類と特徴があります。

- 「ゆうパック」は，大きさ（長さ・幅・厚さの合計）が1.7メートル以内で，重さが25kgまでの荷物を送るときに利用する。
- 「ゆうメール」は，重さ1kgまでの本やカタログ，CD，DVD，カレンダーなどなら，ゆうパックより割安で送ることができる。中身が確認できるよう封筒の一部分を開けておく。急ぐものは速達に，大事なものは簡易書留で送る。
- 「レターパック」は4kg以下の荷物がA4サイズまで入る専用封筒に入れば，「ゆうパック」で送るより割安。信書を入れることも出来るので，礼状を添えた贈り物や，業務用サンプルの発送に便利である。ポストに投函でき，追跡サービスで配達状況を確認できる。

☆ 特殊取扱郵便物

郵便物を次のような特殊取扱郵便物とする場合は，通常の料金に特殊取扱料金が加算されます。

◆速達と書留

郵便物を速く送りたいときには「速達」扱いに，貴重品を送るときには書留にします。この両方を利用することもできます。

- **速達** 郵便物の最上部に赤線，または赤字で「速達」と書く。
- **書留** 現金は「現金書留」で，小切手，手形，郵便為替，商品券などは「一般書留」で，重要書類や原稿，5万円以下の有価証券などは「簡易書留」で送る。

◆その他の特殊取扱

速達，書留のほか下記の特殊取扱にすることができます。

●引受時刻証明	郵便物を差し出した時刻を証明する。
●配達証明	郵便物を配達した日付を証明する。
●内容証明	出した文書の内容を証明する。
●本人限定受取郵便	名宛て人本人または差出人があらかじめ指定した代理人のみに渡す制度。

一般書留か現金書留にしたときだけ利用できる。

●配達日指定	配達日が指定できる。日曜，休日も可能。
●特定記録郵便	郵便物の引受時と配達時を記録する。
●代金引換	受取人に郵便物を渡すとき差出人が指定した金額と引き替えに渡し，差出人にその代金を送る制度。

☆ 大量郵便物の郵送方法

大量の郵便物を送るときには，下記のような郵便制度を利用します。

●料金別納郵便	料金が同じ郵便物を，同時に10通以上（ゆうパックは1個から）出すときに利用できる。料金ごとに分けて差し出す場合は同一料金でなくてもよい。
●料金後納郵便	毎月50通以上の郵便物（ゆうパックは10個から）を出す場合に利用できる。
●料金受取人払	郵便の受取人が郵便料金を支払う制度。多数の人から返信を得たいとき利用。
●郵便区内特別郵便	同じ郵便区内へ，同じ形，重さ，取り扱いの郵便物を同時に100通以上出す場合に便利。
●区分郵便物	第一種，第二種郵便物のうち事前に郵便区番号ごとに区分された郵便物を割引。同時に2,000通以上。

第5章　技　能

これは 間違い！

祝賀パーティーの案内状を150通出すように上司に指示されました。切手を貼る手間が省けるので料金別納で送ろうと思っています。

間違いの理由

祝賀パーティーの案内状は，格式を重んじる社交文書です。このような社交文書を送る場合は，きちんと祝事用切手を貼って出すのが礼儀です。

1 難易度 ★★☆☆☆　😔 できないと アヤウイ!　　チェック欄

　秘書Aは上司から「秘」印の押してある資料を渡され，「午後からの会議で使うので，出席者分コピーしてもらいたい」と指示された。コピーするに当たってAが注意しなければならないことを，箇条書きで三つ答えなさい。

2 難易度 ★★☆☆☆　😔 できないと アヤウイ!　　チェック欄

　秘書Aは出張で「ワールドホテル」に滞在している上司（山田一郎）に，頼まれた書籍を送ることになった。このような場合，一般的に宛名はどのように書くのがよいか。次の中から適当と思われるものを一つ選びなさい。

1）ワールドホテル　御中
　　　山田一郎 様
2）ワールドホテル　気付
　　　山田一郎 様
3）ワールドホテル　内
　　　山田一郎 様　宛
4）ワールドホテル
　　　山田一郎 様　気付
5）ワールドホテル　様方
　　宿泊者　山田一郎 様

3　難易度 ★★☆☆☆ できないと アヤウイ!　　　チェック欄

　次のそれぞれの場合，どのような郵送方法にするのが適切か。(　　)内に答えなさい。

1）重要文書を送る。　　　　　　　　　　　(　　　　　　　　　　　)
2）見舞金を，見舞状と一緒に送る。　　　　(　　　　　　　　　　　)
3）取引先にカタログを送る。　　　　　　　(　　　　　　　　　　　)
4）アンケートの回答を，相手に送料を
　　負担させずに返送してもらう。　　　　　(　　　　　　　　　　　)

4　難易度 ★★★☆☆ できて ひとまずホッ!!　　　チェック欄

　次は秘書Aの，「秘」文書の取り扱い方である。中から不適当と思われるものを一つ選びなさい。

1）貸し出すときは使用目的を確認し，貸出簿に記入して管理している。
2）社内の人に配布するときは，本人に直接手渡すときでも受領印をもらっている。
3）文書に赤色で「秘」の印を押し，秘文書であることがすぐに分かるようにしている。
4）コピーするときは必要部数のみにして，ミスコピーは上司に報告せずその場で文書細断機にかけている。
5）他の文書と一緒にファイルするときは，内容が分からないように封筒に入れ，封をしてからフォルダーに入れている。

第5章 技　能

　次の場合，どのような郵送方法で送るのがよいか。（　　）内に答えなさい。

1)「秘」扱い文書を急いで送るとき。
2) 誕生日の祝い状を，誕生日当日に届くよう送るとき。

　　　1)（　　　　　　　　　　　　　　）
　　　2)（　　　　　　　　　　　　　　）

　次は秘書Ａが，上司宛ての郵便物に関して行ったことである。中から<u>不適当</u>と思われるものを一つ選びなさい。

1) 上司宛てだが課長が関わっている件だったので，そのまま課長に回した。
2) 書留扱いだが上司の個人的なものだったので，受信記録はせずに開封しないで上司に渡した。
3) 上司が返事を待っていた取引先からの手紙だったので開封し，他の郵便物の上に載せて上司に渡した。
4) 開封したところ私用の払込通知書だったので，間違って開封したことをわびて渡し，払い込みしてこようかと尋ねた。
5) 上司の出席が既に決まっているパーティーの招待状だったので，「出席することになっている」と念のため言って渡した。

1＝【解答例】1. 必要数以上のコピーはしない。 2. ミスコピーが出たら，シュレッダーで細断する。 3. 近くに人がいないときを見計らってコピーする。
【解説】解答例の他に，3. は「渡された資料（原本）をコピー機に置き忘れないようにする」などもよい。

2＝2）「気付」とは，その人が，例えば旅行などで立ち寄っている場所に，郵便物などを送るときに使う用語である。従って，この場合はホテル名に付ける2）がよいということになる。

3＝1）簡易書留 2）現金書留 3）ゆうメール 4）料金受取人払

4＝5）「秘」文書は他の文書とは別にして，鍵のかかるキャビネットなどに保管するのが基本。封筒に入れて封をしても，他の文書と一緒にファイルしたのでは見られる可能性がある。取り扱い方が間違っていて不適当ということである。

5＝1）簡易書留で速達 2）配達日指定郵便

6＝2）書留類は受付から配達まで記録される重要な郵便物。受け取ったら公私に関係なく受信記録をするのが適切な扱い方なので不適当ということである。

合否自己診断の目安

正解率60％以上を合格の目安としてください。ここでは，6問出題したので，4問以上の正解でクリアです。

3 文書の取り扱い	6問中 ☐ 問正解 ●正解率＝ ☐ ％

郵便に関する問題はよく出ます。最近は携帯のメールで済ませることが多いためか，手紙を書く習慣がなくなってきているようです。 郵便を利用したことがない人にとっては，知らないことが多いのではないでしょうか？
企業では郵便を利用することが多いので，この機会にしっかり勉強しておきましょう。

Lesson 1 整理法，ファイリング，保管

■これだけは押さえておきたい■
Key フレーズ 「文書の廃棄は法律と会社の規定に従う」

文書の保存期間については，会社によって「永久保存」，「5年保存」，「3年保存」など決められた基準があるのでそれに従います。会社法，その他の法律で保存期間が決められている書類は，最低限その期間は廃棄しないよう注意します。

☆ 書類の整理法

書類をまとめる際の原則は，「よく一緒に使う書類は，同じフォルダーにまとめる」ということです。まとめ方としては，次のような整理の仕方があります。

● **相手先別整理** 手紙，書類など相手先ごとにまとめる方法。相手とのやりとり，照会・回答などのいきさつがよく分かる利点がある。複数の相手先を整理するには，五十音順，アルファベット順などの方法がある。

● **主題別整理** 書類や資料の内容をテーマ（主題）別に分類してまとめる整理法。カタログや文献など，内容・テーマが重要な場合の整理に用います。

● **標題別整理** 「発注書」や「請求書」などの伝票や「店舗別売上月報」のような帳票化した報告書などは，その標題をタイトルにしてまとめる。

● **一件別整理** 特定の取引・工事・行事などに関する資料を，始めから終わりまでまとめる整理法。

● **形式別整理** 「通達」「あいさつ状」「議事録」など，文書の形式をタイトルとしてまとめる整理法。

Let's Study!
よく出る問題

■適当＝○か不適当＝×か考えてみよう。
□ ファイル用フォルダーに文書を収納するとき，折らないとフォルダーに納まらない文書は，表面を中にして折っている。
解説：文書を折るときは，表面を外にして折る。そうすれば，フォルダーから文書を出すとき，文書を開けなくても，どのような文書か外から分かる。
解答＝×

☆ 資料・書類の収納方法

資料や書類は次のような方法で収納します。

バーチカル・ファイリング
- 厚紙を二つ折りにしたフォルダーに文書を挟み，キャビネットの引き出しの中に垂直（バーチカル）に立てるか，つるして（ハンギング式という）収納する方式。
- ハンギング式は，引き出しの中にハンギング・フレームという枠を設置し，枠にハンギング・フォルダーをつり下げて収納する方式。
- 文書の集中管理や大量の文書の管理に向いている。

バインダー・ファイリング
- 文書をバインダーにとじ，本のように書棚などに並べて収納する方式。
- バインダーの背幅がスペースをとるため，収容できる文書量はバーチカル式より少ない。

☆ 資料や書類の貸し出し

　資料などを貸し出すときは，貸出ガイドに必要事項を記入して貸し出します。次の要領で管理します。

- 貸し出した資料の代わりに，フォルダーの中に貸出ガイドを差しておく。
- フォルダーの書類を全部を貸し出す場合は，「持ち出しフォルダー」に書類を入れ替えて渡し，空になったフォルダーにガイドを差しておく。
- 文書が返却されたら，貸出ガイドを抜いて元の場所に戻す。

☆ 資料や書類の移し替えと置き換え

　「移し替え」とは同じ部屋の中で資料などを整理して移動すること，「置き換え」とは異なる場所に移して保管することです。

- 例えば，4段のキャビネットの上2段に本年度分，下2段に前年度分が収納されていた場合，前年度分を整理し，保存するものと廃棄するものに分類する。保存するものは書庫などに置き換え，不要なものは廃棄する。
- 本年度分は必要な資料や未完成のフォルダーをそのまま残し，残りを全て下2段に移し替える。
- 以上で作業は完了。上2段の空いたスペースに次年度分を収納する。

第5章　技能

2 資料の整理・保存

「切り抜きは最新号が届いてからにする」

切り抜く記事には，忘れないようにマーカーなどで囲っておいて，新聞なら翌日以降，雑誌などは最新号が届いてから切り抜くようにします。上司から切り抜くように指示があってもすぐに切り抜いたりしてはいけません。

☆ カタログの整理・保存

カタログとは，商品を紹介する目的で作成された冊子のこと。整理するときは次のような点に注意します。

- 商品・製品別に分類する。
- 厚みのあるカタログは，キャビネットなどに書籍のように立てて整理する。
- 薄いカタログやパンフレット類は内容別に分類し，ハンギング・フォルダーに納めて整理する。
- 年に1回は点検し，不要になったものは処分する。また，新しいカタログが手に入ったら，古いものは処分する。

⬆ ハンギング・フォルダー

☆ 雑誌の整理・保存

雑誌の整理や保存については以下のことに留意します。

- 購入簿などに受け入れ年月日を控え，所蔵印などを押す。
- 上司の部屋や応接室の閲覧用には，常に最新号を置く。
- 保存する雑誌は，半年か1年ごとにまとめて合本し，背の部分に雑誌名，発行年月，巻・号数などを記入する。
- 保存期間は一般誌は前年度分だけ，専門誌は長くて5年分とする。

雑誌や小冊子を数冊とじ合わせて1冊の本に製本することを合本といいます。

☆ 新聞・雑誌の切り抜き

　新聞・雑誌などから記事を切り抜いて保存しておくのも秘書の仕事ですが，上司が指定したもの以外にも秘書自身が必要と判断すれば切り抜いてファイルしておきます。新聞・雑誌の切り抜き・保存については以下のことに留意します。

●切り抜く記事をマーカーなどで囲んでおく。
●新聞記事は記事の途中や末尾が離れたところに位置していることがあるので，記事全部をマークしたかどうかの確認が必要。
●新聞は，記事の余白に紙名，日付，朝夕刊の別（地方版の場合は地方版名）を記入しておく。
●雑誌の場合は，雑誌名，発行年月，巻・号数，ページを記入する。
●裏面にも切り抜きたい記事があったら，コピーして切り抜く。コピーした記事は切り抜いたりしないでそのまま使ってよい。
●切り抜いたら台紙に貼る。台紙の大きさはA4判に統一し，原則として1枚の台紙に一つの記事を貼るようにする。
●記事の内容を考えてテーマごとに分類する。
●ファイリングには，フラットファイルを利用するとよい。

同じテーマなら1枚の台紙に小さな記事を複数貼っても構いませんが，原則としては台紙1枚に1記事とします。

新聞記事は翌日以降，雑誌は次の号が来てから切り抜きます。

これは 間違い！

小さな記事が多数ある場合は，台紙のスペースがもったいないので，数枚貼り付けるようにしています。

間違いの理由

スペースが空いているからといって同じ台紙に複数の記事を貼ると，分類するときに困ります。

Let's Study!
よく出る問題

■適当＝○か不適当＝×か考えてみよう。
□①旬刊とは，年4回発行される刊行物である。
□②会社で購入した本と上司が個人で購入した本は別にして整理している。

解説：①旬刊とは，「じゅんかん」と読み，十日ごとに発行する刊行物のことである。年4回発行されるのは，季刊という。
解答＝×
②図書は社費購入，自費購入の区別なく，分野別に書棚に整理しておく。また，社費で購入した図書には会社の蔵書印を，上司が個人で購入した図書には上司の個人印を押しておく。
解答＝×

第5章 技　能

3 名刺の整理と活用法

Key フレーズ 「名刺は，常に最新情報で管理しておく」

名刺に書かれた肩書は，人事異動や組織の変更によって変わることがあります。また，移転などで住所や電話番号にも変更が生じるため，常に新しい情報を入手して，名刺の訂正・差し替えを行う必要があります。

☆ 名刺の整理用具

名刺の整理用具には，名刺整理簿と名刺整理箱がありますが，検索が便利なことからパソコンでの管理を行う企業も増えてきました。

◆名刺整理簿

帳簿式の台紙に名刺を収納するもので，以下の特徴があります。

- ●一覧性があり見やすい。
- ●持ち運びに便利。
- ●大きいサイズの名刺は入らない。
- ●整理箱より名刺の収納枚数が少ない。

◆名刺整理箱

細長い箱に名刺を立てて整理するもので，以下の特徴があります。

- ●整理簿より多くの名刺を収納できる。
- ●名刺の大きさはあまり問題ない。
- ●分類した名刺の増減に対応できる。
- ●持ち運びに不便。ひっくり返した場合には元に戻すのに手間がかかる。

◆パソコン管理

パソコンを利用するもので，以下の特徴があります。

- ●増減・訂正が簡単にできる。
- ●検索が速い。
- ●名刺をもらうたびにデータを打ち込むという手間がかかる。
- ●パソコンがないと見られない。

☝ 名刺整理簿

☝ 名刺整理箱

☆ 名刺の分類方法

　名刺は，個人名・会社名の五十音順分類か業種別分類で管理しますが，どれを採用するかは「どれで探すことが多いか」によります。

●五十音順分類	個人名で検索することが多い場合は氏名の五十音順で，企業名で検索することが多いなら会社名の五十音順で分類して管理する。
●業種別分類	企業名で分類する場合は，単純な五十音順ではなく，まず「官公庁」「金融機関」「広告代理店」など業種別に大きく分類し，その中で五十音順に分類すると検索しやすい。
●クロス索引	名刺は氏名による五十音順に分類し，それとは別に名刺サイズのカードを作り，それに会社名と関係者名を書いて，会社名の五十音順に分類しておく。こうすると氏名を忘れても，会社名から検索できる。

☆ 名刺の整理と管理のポイント

　名刺の整理と管理については，次のようなことに留意します。

●情報をメモする	名刺を受け取ったら，受け取った日付，用件，その人の特徴などを名刺にメモしておく。
●最新情報で管理	新しい名刺を受け取ったら，古い名刺は廃棄する。廃棄するときは細かく破って捨てる。肩書の変更や住所の変更などを知ったら，すぐに訂正する。
●受け取った名刺	新しい名刺を名刺整理箱に入れる場合は，ガイド（見出し）のすぐ後ろに差す。
●抜き取った名刺	名刺整理箱から抜いて使った名刺を戻すときもガイドのすぐ後ろに差す。
●業務外の名刺	上司の私的な交友関係，飲食店の名刺などは業務関係とは別に整理する。
●年1回整理する	1年に1回は名刺の整理をし，使わなかった名刺や不要な名刺は廃棄する。

第5章　技能

4 社内外の情報収集

■これだけは押さえておきたい■
Key フレーズ 「株主総会，記念行事の情報は総務部門にある」

上司からよく情報の収集を指示されるのは社内情報です。秘書は，総務部門，人事部門など，各部署の仕事内容をよく理解し，どの部署にどのような情報があるかを把握しておく必要があります。

☆ 情報収集のポイント

　秘書が情報を収集するのは，上司が求める情報を適切に提供して補佐するためです。従って，情報をできるだけ早く提供できるように，上司が求める情報の種類や性質，その範囲を心得ておき，常にそうした情報に関心を持っておく必要があります。

　また，効率的に情報を収集するためには，どのようにすればその情報が得られるかを知っておくことも大切です。

　社外の情報源としては以下のようなものがあります。

●人からの情報	「人脈（人的ネットワーク）」の中から得る情報。情報を得るには良好な人間関係を構築しておく必要がある。業務上の付き合いのほかに，社内外の趣味のサークル，勉強会などで幅広い人間関係を築いておくと，多くの人から情報を得ることができる。
●活字メディア	新聞，雑誌のほか，書籍，広告，カタログ，ダイレクトメール，公文書などから得る情報。社内にある文書だけでなく，図書館なども利用する。
●電波メディア	テレビ，ラジオによる放送情報を録音，録画によって収集。速報性に優れているが，膨大な情報の中から必要なものだけを適切に選択することが求められる。

●電子メディア　インターネットを利用して情報端末に取り込む電子書籍や電子新聞がある。また，CD-ROM*を利用して企業情報，統計年鑑，百科事典など，さまざまな情報を簡単に検索できる電子出版（電子ブック）などもある。

☆ インターネットの活用

　世界中のコンピューターをつないだ通信情報網であるインターネットを利用すると，ほとんどの情報を手に入れることができます。

　大企業だけでなく，中小企業も自社のホームページを公開しているので，その企業の基本的な情報を簡単に入手できます。

　また，ニュース，天気，資格，旅行，株価など専門情報を提供しているサイトもあります。

　インターネットで情報を入手する場合に注意すべきことは以下のようなことです。

- ●さまざまな人が情報を発信しているので，必ずしも正しい情報とは限らない。
- ●企業が公開しているホームページに書かれていることは一応信頼できるが，内容を更新していない場合は，古いデータのままになっていることがある。

これは間違い！

官報とは，地方公共団体が地域住民へ告知するために出す出版物のことだと思います。

間違いの理由

官報は，国が国民に知らせるべき情報を編集して発行する日刊機関紙のことです。

❌

用語Check　【CD-ROM】　コンパクトディスクを使用した読み出し専用の記憶装置。

Let's Study！　よく出る問題

■適当＝○か不適当＝×か考えてみよう。

- □①インターネットでよく利用するホームページは，登録しておくことができる。
- □②インターネットで公開している企業のホームページは，その企業のホームページアドレスが分からないと，見ることができない。
- □③インターネットで探したホームページの情報は，パソコンに取り込み保存することができる。

解説：①インターネットに接続するソフトに登録することができる。
解答＝○

②ホームページアドレスが分からない場合でも，企業名や企業の電話番号など，その企業に関係するキーワードを幾つか入力して検索すれば，その企業のホームページを探し出して見ることができる。
解答＝×

③パソコンに取り込んで保存することができる。また，パソコンがプリンターに接続されていれば取り込んだデータを印刷することもできる。
解答＝○

1 難易度 ★☆☆☆☆ できないと キビシ〜!! チェック欄

　秘書Aは保存文書を社内の人に貸し出すとき，文書を抜いた箇所に貸し出しガイドを差し入れている。この貸し出しガイドにはどのような事項を記入すればよいか。箇条書きで三つ答えなさい。

2 難易度 ★★☆☆☆ できて ひとまずホッ!! チェック欄

　次は新聞や出版物に関する用語の説明である。中から不適当と思われるものを一つ選びなさい。

1)「タブロイド判」とは，普通の新聞の半分の大きさのこと。
2)「奥付」とは，著者，発行者，発行日などが載っている部分のこと。
3)「装丁」とは，過去の出版物をそれと同じ体裁で再度出版したもののこと。
4)「紀要」とは，大学や研究所が出す学術研究論文などが掲載された定期刊行物のこと。
5)「機関紙」とは，団体が会員同士の情報交換や活動内容のPRのために発行する新聞のこと。

3　難易度 ★★☆☆☆ できないと アヤウイ!　　チェック欄

　次は，出版物などに関する用語とその説明の組み合わせである。中から<u>不適当</u>と思われるものを一つ選びなさい。

1）業界紙　　　＝　特定の業界に関する情報を専門に扱う新聞。
2）名鑑　　　　＝　関連のある人や物の名を集めて分類した名簿。
3）官報　　　　＝　裁判所が出した判決を一般に知らせる報告書。
4）白書　　　　＝　各省庁が行政活動の現状と展望を述べた報告書。
5）会社四季報　＝　企業の概要や財務状況などをまとめた季刊の刊行物。

4　難易度 ★★☆☆☆ できないと アヤウイ!　　チェック欄

　次は，コンピューター用語の説明である。中から<u>不適当</u>と思われるものを一つ選びなさい。

1）「デバッグ」とは，プログラムのバグを探し，修正することである。
2）「サムネイル」とは，中身を開かなくても分かる縮小画像のことである。
3）「クッキー」とは，複数のファイルやフォルダを一つにまとめることである。
4）「フリーウエア」とは，オンラインソフトの中で無料で利用できるソフトウエアのことである。
5）「ブックマーク」とは，よく利用するホームページのアドレスを登録しておく機能のことである。

第5章 技　能

次の中から，文房具には付いていないマークを一つ選びなさい。

1）ジスマーク

2）エコマーク

3）ジャスマーク

4）グリーンマーク

5）G（グッドデザイン）マーク

「名刺整理簿」と「名刺整理箱」を使用する上での特性を，それぞれ簡単に説明しなさい。

1＝【解答例】1．文書名　2．貸出日　3．貸出先（部署名，名前）
【解説】解答例の他に，「返却予定日」などもよい。

2＝3）「装丁」とは，印刷した紙をとじて，表紙を付け本の形にすること。また，本の表紙，外箱などの外装やそのデザインのことである。3）は「再版」の説明である。

3＝3）「官報」とは，法令その他，国民に知らせるべき事項を掲載する国の日刊機関紙のことである。

4＝3）「クッキー」とは，ウェブサイトへのアクセスを行った際に，ＩＤや閲覧情報などを記録しておき，再びそのサイトを訪れたときスムーズに情報を提供できるようにする仕組みのことである。

5＝3）「ＪＡＳ（ジャス）」は，日本農林規格（Japanese Agricultural Standard）の略称で，このマークは国が定めた規格・基準に合格した食品や林産物などに付けられる。文房具は対象になっていない。

6＝【解答例】「名刺整理簿」は一覧性があり見やすいが，名刺が増減したときの整理には不便である。「名刺整理箱」は容易に出し入れでき，多量の名刺を整理するのに便利である。

>>>>>>>>>>>>　**合否自己診断の目安**　<<<<<<<<<<<<

正解率60％以上を合格の目安としてください。ここでは，6問出題したので，4問以上の正解でクリアです。

4　情報管理	6問中 ☐ 問正解 ●正解率＝ ☐ ％

「情報管理」では難度がやや低い問題が多かったので，クリアできた人も多かったのではないでしょうか。
さて，いよいよ次は最後のセクションです。力を振り絞ってチャレンジしましょう！

Lesson 1 スケジュール管理

Keyフレーズ 「スケジュールは週間予定から綿密にする」

スケジュール表を作成する場合は，週間予定表から時間単位で綿密に組み立てるようにします。予定変更による調整のやりくりは秘書の役目ですが，勝手に重要度を判断しないで上司の判断を仰ぎます。また，予定はできればいくらか余裕を持たせて組むようにします。

☆ スケジュール管理の基本

上司のスケジュールは以下のような方法で管理します。

◆予定表で管理する

予定表には年間予定表，月間予定表，週間予定表，日々予定表（日程表）がありますが，秘書が一番活用するのは週間予定表です。

●年間予定表	入社式・創立記念日・株主総会・定例役員会・業界の大会など，既に決まっている年間行事を記入する。
●月間予定表	主要年間行事のほかに，出張，諸会議・会合，訪問など，1カ月の予定を記入する。
●週間予定表	1週間の確定した行事や行動予定を時間単位で記入する予定表。諸会議・会合，面談，訪問，出張，講演，式典などを具体的かつ正確に記入する。
●日々予定表（日程表）	1日の上司の行動予定を時分単位で詳細に記入する予定表。必要な情報が一覧できるようにしておく。

◆予定表の記入要領

予定表に記入する場合には次の点に留意します。

●記入事項	予定表に記入する主なものは，会議，面談，訪問，会合，出張，講演，日時の決まった仕事，式典，私事の行事など。なお，私事については，簡略に書くか，記号などを使って書くようにする。 　例）「K氏の受賞記念パーティーに出席」など。

●表示方法　　表示は簡潔で見やすく。
　　　　　　　よく使う言葉は記号で表すとスペースも省けて便利。
　　　　　　　　例）会議→□　来訪→○　出張→△　など。

●予定変更　　予定が変更されたときは，変更前の予定が分かるように2
　　　　　　　本線で消す。

●上司に確認　月間予定表は前月末まで，週間予定表は前週末まで，日々
　　　　　　　予定表は前日の終業時までに，それぞれ上司に見せ，上司
　　　　　　　が確認してからコピーして上司と秘書が1部ずつ持つ。

●配布　　　　月間予定表や週間予定表は，社内で上司の行動を知る必要
　　　　　　　がある関係者に配布しておく。その際，上司の私事は省く
　　　　　　　ようにする。

☆ 予定の変更と調整

　予定の変更があったら，秘書は次の要領で手際よく処理します。

●行事の変更　行事の変更があったら，そのことを上司に知らせてから，
　　　　　　　上司用と秘書用の予定表を書き換える。

●当方の都合　上司の急用などで面会等の約束を変更する場合は先方にわ
　による調整　びを入れ，先方の都合を聞いた上で上司と変更調整し，改
　　　　　　　めて日時を決定。上司用と秘書用の予定表を書き換える。

●先方の都合　先方から予定変更の申し出があったときは，新しい予定に
　による調整　ついて上司とすぐに打ち合わせをし，その場で上司用と秘
　　　　　　　書用の予定表を書き換える。

●関係者への　予定が変更になったら，予定表を配布している関係者，ま
　連絡　　　　た必要な関係先に漏れなく連絡する。

これは 間違い！

会社の定例的な行事や
業界の定例会議などは，
ほかの予定より優先し
ています。

間違いの理由

スケジュールが重なったとき
には，重要度によって調整し
ますが，秘書が判断してはい
けません。上司に報告し，判
断を仰ぐことになります。

第5章 技　能

2 | 出張に関する業務

Key フレーズ　「同行者がいる場合は席次を考え切符を渡す」

秘書が交通機関の手配をする場合，上司と同行する人がいる場合は，席次を考慮して切符を渡します。新幹線や飛行機の場合，窓側の席が上席，次いで通路側の席，中央の席の順になります。

☆ 出張に関する事務

上司が出張する際には以下のような秘書業務を行います。

① 出張計画	●出張の目的，期間，目的地などを上司に確認する。 ●出張の目的・予定に基づいて交通機関や宿泊地などを組み込んだ出張計画案を作成する。 ●上司にその原案を見せ，上司の意向に沿って修正する。
② 交通機関の選定・手配	●上司の希望，会社の旅費規定，目的地までの効率，到着・出発時刻などを考えて選定する。 ●予約できるものは早めに手配する。
③ 宿泊の手配	●上司にふさわしいホテル・旅館を調べ，旅費規定の範囲で上司の希望に沿った施設を選び，手配する。
④ 旅程表作成	●旅程表は出張中の予定を一覧表にまとめたもの。 ●1日ごとに出発時刻，到着地，到着時刻，訪問先，出席する会合，宿泊場所などを記入する。 ●旅程表は上司に渡すだけでなく，関係先にも配布する。
⑤ 出発の準備	●必要な費用を概算し，経理部門から仮払いを受ける。 ●出張先の仕事で必要な所持品を準備する。名刺，筆記用具，旅程表，切符，旅費，関連書類，資料，切手，封筒など，漏れのないようチェックする。

旅程表の例。

月日	予　定	備　考
12/8 (木)	10:15 羽田発 ｜ 11:45 福岡国際空港着 12:15 「VINO」で食事（N氏 他3名）	JAL235 N氏出迎え Sホテル内のレストラン

☆　出張中の秘書の仕事

　　上司の出張中は，比較的時間に余裕ができます。秘書は指示されたことを処理するだけでなく，以下のような仕事をします。

- ●上司の留守中に受け取った受信文書を整理し，保管する。
- ●留守中に起きた出来事や受けた伝言などをメモにまとめておく。
- ●緊急に連絡する必要があるときは，出張先の上司に連絡を取って指示を仰ぐ。出張先の上司への連絡は，秘書が仲介することが原則。
- ●資料の整理など，ふだんは手が回らない仕事を処理する。

☆　出張後の秘書の仕事

　　上司が出張から帰ったら，次のような仕事をします。

●留守中の報告	留守中の出来事をメモにまとめ，上司に簡潔に報告する。
●旅費の精算	領収書などを預かり，旅費や経費を精算する。
●資料の整理	上司が持ち帰った名刺や資料を整理する。
●報告書の作成	上司の指示を受けて出張報告書などの作成を行う。
●礼状の代筆	上司の指示があれば，出張先でお世話になった人などに礼状を書く。

Let's Study!
よく出る問題

■次の問いについて考えてみよう。
「来週，取引先のM社訪問のため出張することになったので準備をしてもらいたい」と上司から指示を受けた。このとき上司に確認することは何か。箇条書きで4つ答えなさい。
解答＝
①出発の日時と出張期間。
②交通機関と宿泊の希望。
③同行者。
④持参する資料。

これは 間違い！

上司が希望する宿泊先があっても，旅費規定の料金を上回る場合は希望に沿えないと申し出ようと考えています。

間違いの理由

旅費規定にある宿泊費は，通常どこに宿泊してもその料金を出すというものです。それを上回る場合は超過分が自己負担となりますが，上司はそのことを承知しているので，上司が希望すれば，それに従って手配するのが秘書の役目です。

第5章　技　能

■これだけは押さえておきたい■
Key フレーズ 「机に向かったとき窓が左側になるようにする」

机を配置する場合は，机に向かったときに窓が左側か後方になるように配置します。書き物をするときに手暗がりにならないようにするためです。直射日光が当たるときはベネシャンブラインド*などを取り付けて調整します。

☆ オフィス・レイアウトの基本

　部屋のレイアウトをする場合は，最初に上司と秘書の机，応接セット，キャビネット の配置を考えるのが基本です。これらを定めてからその他の事務用備品の配置を考えるようにします。以下は上司と秘書が同室の場合と別室の場合のレイアウト例です。

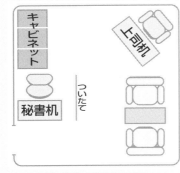

⬆ 上司と秘書が同室の例。

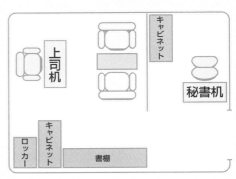

⬆ 上司と秘書が別室の例。

これは 間違い！

上司と秘書とが意思の伝達をしやすいように，机は向かい合うように配置するのがよいと思います。

間違いの理由

上司と秘書の机は，対面しないように配置します。秘書は来客や電話の応対が多いので，対面していると秘書の動きが気になって，上司が仕事に集中できないからです。

Check 用語 【ベネシャンブラインド】　スラット（すだれの羽根板）が水平の一般的なブラインド。ベネチアンブラインドともいう。

☆ レイアウトを考える際の注意点

部屋のレイアウトをする場合は以下の点に留意します。

- ●能率的に仕事ができる，仕事の動線を考えたレイアウトであること。
- ●事務用備品（机，椅子，キャビネットなど）の機能が十分生かせる配置であること。
- ●部屋全体の動線を考え，動きやすい通路が確保されていること。
- ●上司と秘書の机が，意思を伝達しやすい位置に配置されていること。
- ●上司の執務机は秘書の動きが気にならない位置に配置されていること。
- ●上司の仕事の機密性が確保できる配置であること。

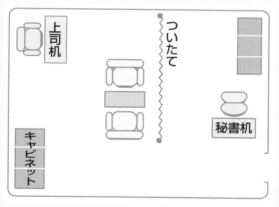

⬆ オフィスレイアウトの例。

上司の机を配置する際のポイントは，入り口から上司が見えないように部屋の奥に配置することです。

☆ 快適なオフィス環境をつくる

オフィスを快適にするために以下のことに留意します。

- ●空調は適切に機能しているか。
- ●室温が適温に保たれているか。
- ●照明の明るさは適切か。
- ●ブラインドの調整は適切か。
- ●蛍光灯など照明器具に不具合はないか。
- ●騒音はないか。

室温は，夏は25〜28度，冬は18〜20度，春と秋は22〜23度に，湿度は50〜60%に保ちます。

4 備品・事務用品の整備

■これだけは押さえておきたい■
Key フレーズ 「備品は必ず定位置に置く」

机の上や引き出しを整理するとき，定位置を守ることが大切です。決まったものを決まった所に置くことで，仕事がしやすくなるだけでなく，「物探し」の手間も省けます。

☆ 事務用品の補給と備品の修理

　事務用品が切れたり，オフィス機器が故障したりすると仕事に支障が出てきます。特に，OA機器が故障したりすると業務がストップしてしまうことさえ出てきます。秘書は，日ごろから消耗品の補充に気を配り，事務機器のトラブルに対しても素早く適切な処置，対応ができるようにしておきます。

事務用品 ●事務用品の基本知識を持ち，適切なものを選ぶ。

●新しい事務用品に関心を持ち，よいものは取り入れる。

●事務用品が切れる前に補充する。

備　品 ●備品についての知識を持ち，適切なものを選ぶ。

●修理が必要なとき直ちに連絡が取れるように，業者の連絡先を控えておく。

事務機器 ●複写機など，OA機器のちょっとしたトラブルに対処できるように，基本的な構造やシステムを把握しておく。

●OA機器の定期的な保守点検を受けられるように，手配しておく。

●秘書の知識では解決できないようなトラブルが発生したとき，すぐ連絡が取れるように，各機器の取り扱い代理店や保守管理を行う会社の連絡先，担当者名を控えておく。

複写機の紙詰まりなどのささいなトラブルは日常的に発生します。そうしたときに秘書が対応できないで，担当業者が来るのを待っていたのでは業務に支障を来してしまいます。

☆ 上司の机の整理

　秘書は自分の机だけでなく上司の机の上も整理，整頓します。それぞれの机の上の用具の基本的な配置の仕方を心得ておくとともに，以下のことに留意します。

●「定位置」厳守	上司は，自分の仕事をしやすいように備品を配置しているので定位置を守り，勝手に動かしたりしない。
●日常の点検	上司がうっかり『秘』扱い文書などを机の上に置き忘れていないか，退社時に必ずチェックする。
●整頓時の注意	上司は紙切れなどにメモをすることがあるが，それを不要なものだと判断して捨てたりしないようにする。
●定期的な点検	上司の許可を得て，引き出しの中の印鑑があるか，朱肉のへこみがないか，名刺が十分か定期的に点検する。

☆ 掃除のポイント

　秘書は上司の業務をより円滑にするために，毎朝掃除をして，備品などの手入れをします。掃除のポイントは以下の通りですが，電話機などはこまめに布でから拭きし，常に清潔に保つよう心がけます。

●テーブル	毎日拭き掃除をする。また，来客が帰ったらすぐに茶器などの後始末をし，テーブルの上を拭く。
●置物	金属製の置物は羽ばたきでほこりを払い，陶器は乾いた布でほこりを取る。
●オフィス家具	布や化学雑巾でほこりを取り，ひどい汚れは洗剤を使って拭く。
●応接セット	布部分のほこりはブラシで取り去る。革張りの場合は，から拭きするか専用のクリーナーで拭く。カバーやテーブルクロスは期間を決めてクリーニングに出す。
●じゅうたん	毎日掃除機をかけてごみやほこりを取り除き，部分的な汚れはブラシでこする。しみになったときは中性洗剤や酢で拭く。
●油絵	年に数回筆などでほこりを払う。水や洗剤は使わない。

第5章　技能

---

1 難易度 ★★☆☆☆ できないと アヤウイ！ チェック欄

　秘書Aは上司から，「来週の月曜日から三日間の予定で，支社に出張することになったので準備を頼む。今回は用意する資料はない」と言われた。このような場合，Aが上司に確認しなければならないことを箇条書きで三つ答えなさい。

---

2 難易度 ★★★☆☆ できて ひとまずホッ!! チェック欄

　部長秘書Aは上司の指示で，D（部員）の送別会の世話役をすることになった。Aの部署ではこのようなときの指示は部長がするが，実際に取り仕切るのは課長である。Aは課長から，いつにするか日にちを決めるように指示された。Dに話すといつでもいいと言う。このような場合，Aはどのようにして日にちを決めればよいか。順を追って箇条書きで答えなさい。

3 ┃ 難易度 ★★★☆☆ 😊₃ できて ひとまずホッ!! ┃ チェック欄

　次のようなオフィス家具を何というか。適切な名称をカタカナで答えなさい。

1）応接室に補助として置く背もたれのない腰かけ。
2）部屋の中を，仕切ったり目隠しにしたりするついたて。
3）窓からの光を，入れたり遮ったりするすだれのようなもの。
4）応接室などに置かれる，お茶を出すときにお盆などを一時的に置く台。

4 ┃ 難易度 ★★★★★ 😄 できたらスゴイ!! 太鼓判 ┃ チェック欄

　次は部長秘書Ａが，上司のスケジュール管理に関して考えたことである。中から適当と思われるものを一つ選びなさい。

1）上司の体調がよくないときは，来訪者との面談時間を一律にしよう。
2）臨時部長会議などは，急に入ったとしても他の予定より優先させよう。
3）上司の私的な予定も予定表に記入するが，詳細は伏せておき私用と書こう。
4）上司が不在中の面会予約の申し込みは，前例を参考にしてどうするかを決めよう。
5）上司が出先で決めてきた予定は，他に予定が入っていたら断るよう上司にお願いしよう。

第5章 技　能

1＝【解答例】1．支社における主な予定。　2．同行者の有無。　3．交通機関や宿泊ホテルの希望。

【解説】解答例の他に，「仮払いの額」「スケジュールの調整」などもよい。

2＝【解答例】1．部長の都合のよい日を聞いて課長に伝え，候補日を二，三挙げてもらう。　2．その中から部員全員が出られる日にちを選び，Dに日にちを伝える。　3．全員が出られる日にちがない場合は，部長と課長の都合を優先させる。

【解説】この場合の送別会は部内行事であり，主催者は部長と課長である。このような場合は，部長と課長に配慮して日にちを決めることになる。それらを順に答えればよい。

3＝1）スツール　2）パーティション　3）ブラインド　4）サイドテーブル

4＝2）臨時部長会議というのは，すぐにでも審議しなければならない事案が発生した際に，特別に行う会議のことである。重要かつ急を要することであるから，スケジュール上では最優先事項になる。

合否自己診断の目安

　正解率60％以上を合格の目安としてください。ここでは，4問出題したので，3問以上の正解でクリアです。ただし，「第5章　技能」全体では，合計28問なので，17問以上の正解でクリア，また，「実技領域」では，合計44問なので，27問以上の正解でクリアとなります。

5　日程管理とオフィス管理	4問中	問正解	●正解率＝	％

第4章　マナー・接遇（計）	16問中	問正解	●正解率＝	％
第5章　技能（計）	28問中	問正解	●正解率＝	％

実技領域（計）	44問中	問正解	●正解率＝	％

これで筆記試験は全て終了です。お疲れさまでした。
成績の方はどうでしたか？
えっ，理論領域，実技領域の両方ともクリアですか!!
それは素晴らしい!!　応援した甲斐がありました。
では，次は面接試験ですね。頑張ってください。

第**6**章

面　接

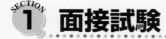

SECTION
1　面接試験

SECTION 1 面接試験

Lesson 1 面接試験の概要

Key フレーズ 「面接の課題は『あいさつ』『報告』『状況対応』」

「あいさつ」では，面接番号と氏名を告げます。「報告」では，上司役を演じる面接審査員を相手に，受験者は秘書役を演じて簡単な報告をします。「状況対応」では，来客役の審査員を相手に受付での応対などを演じます。

☆ 筆記試験と面接試験

　秘書検定1級と準1級は，筆記試験の他に面接試験があります。

　秘書検定準1級の筆記試験は毎年6月，11月に行われます。筆記試験の合否は約2週間後に通知されます。面接試験は，筆記試験の合格者に対してのみ実施されることになります。

```
筆記試験  合否の通知は約2週間後   合格       面接試験
                            不合格
```

☆ 役割演技で理解度を審査する

　秘書検定の面接試験では，知識についての質問はありません。知識については筆記試験で終了したという考えに立っているからです。しかし，知識があってもそれを具体的に表現できなければその知識は実務の場で役に立ちません。そこで，秘書検定の面接試験では，筆記試験で答えられた知識を，実務の場を想定した場面で具体的に表現できるかどうかを審査するために役割演技（ロールプレーイング）の形式をとります。

　役割演技とは，ある役割を演じることで，その仕事内容の理解を深める教育訓練法の一つですが，面接試験では，秘書の役割を演じる受験者の立ち居振る舞いや言葉遣いなどがチェックされ，秘書の仕事をどの程度理解できているかが審査されることになります。

☆ 面接試験での課題

　秘書検定面接試験では，受験者が実際に秘書になった場面を想定して行われます。従って受験者は，課題に対して秘書として対応する役割演技をすることになります。

　課題は次の三つで構成されています。

| あいさつ | ●面接番号と氏名を告げ，あいさつをする。 |

報　告

●課題の内容を上司（審査員が演じる）に報告する。
　①事前に控室で，「以下の内容を上司に報告してください」と指示があり，報告の課題（50文字程度の文章）が渡される。
　②受験者は，課題が示されたらすぐに，その内容を上司に報告する話し言葉にして記憶する（制限時間は2分間）。
　③記憶したことを棒読みするのではなく，実際にオフィスで上司に報告するつもりで伝える。

状況対応

●審査員を来客に見立てて応対をする。
　①課題はパネルに示される。
　②受験者は，パネルの言葉を適切な言葉に直して来客応対をする。
　③課題は2題用意されている。

☆ 審査の基準

　審査項目は以下のようになっています。

①お辞儀の仕方。
②歩き方。
③立ち止まったときの姿勢。
④聞くとき・話すときの姿勢，表情，手の組み方。
⑤視線。
⑥身のこなし。
⑦服装。
⑧言葉遣い（適切かどうか）。
⑨話し方（違和感なくなじんでいるかどうか）。
⑩動作，行動（適切かどうか）。

2 試験に臨む前のポイント

「身だしなみが第一印象を決める」

服装や靴，髪形，化粧など，身だしなみにも気を配って試験に臨むことが大切です。「そこまでしなくても」と安易に考える人が意外に多いのですが，ビジネスの場にふさわしい身だしなみを心がけなければなりません。

☆ 身だしなみ ＊試験当日出かける前にチェックしよう

準1級面接試験では服装のチェックはされませんが，試験はビジネスの場を想定して実施されるので，服装はスーツ（学生の場合は制服で可）が望ましいといえるでしょう。服装以外については，以下の点に留意して試験に臨むようにします。

□ 髪	●髪形にも，清潔感が必要。 ●お辞儀をしたとき，前や横に垂れ下がらない髪形にする。
□ 化粧（女性）	●派手にならないように注意する。 ●いわゆるナチュラルメイクで，自然な感じがよい。
□ アクセサリー・腕時計	●控えめなものをさりげなく着けるようにし，派手なものは避ける。
□ 靴	●スーツに合わせたもの。女性はパンプスなどがよい。 ●ヒールの高さは中ヒールで，歩きやすい機能的なものにする。
□ 靴下（男性）	●スーツに合わせたものにする。
□ ストッキング（女性）	●肌色のものにする。 ●伝線したときのために予備を用意しておく。
□ 爪	●長過ぎる場合は短く切って整える。 ●マニキュアをする場合は派手な色は避けて，軽く光沢が出る程度にとどめる（女性）。
□ その他	●香水など香りの強いものは避ける。

☆ 面接試験でのポイント ＊マスターしたらチェックしよう

面接で審査される立ち居振る舞いは，事前にしっかり練習しておき，試験では自信をもって表現できるようにします。以下の点は特に念を入れてチェックしておきましょう。

☐ **立ち姿**
●横から見て，耳，肩，手，膝，かかとが一直線になるように。（おなかを引っ込め，胸を張る）

☐ **歩き方**
●視線は前方に。直線上を歩くつもりで，足を軽く投げ出すようにして歩く。結果として膝は伸びる。
●かかとの高い靴の場合は，腰と膝が伸びにくいので，注意しないと伸びないまま歩くことになる。

☐ **離着席**
●着席―椅子の前で，椅子を背にしていったん止まってから，背もたれと背の間を少し開けて座る。
●手は，女性は親指を組み合わせて重ね，膝の上（真ん中）に置く。男性は，軽く握って膝の上に置く。
●離席―椅子の前にいったん立ち，膝が伸びて（結果として一瞬止まる）から歩き出す。

☐ **お辞儀**
●手―腕の肘を曲げずに，体の前に持っていき，体の前で重ねる。指は付けて伸ばし，親指を組み合わせて重ねる。男性は腕を伸ばしたままでもよいが，指先まで伸ばすこと。
●角度―大体でよい。会釈15度，中礼30度，最敬礼45〜60度。
●体の曲げ方―立ち姿の項参照。背を伸ばしたまま腰から曲げる（倒す）。
●きれいなお辞儀の仕方のコツ―体をぴんと伸ばし，首は曲げずにおしりを後ろに突き出すように腰から曲げる。このとき，視線を変える（落とす）と首もそれに伴って曲がるので要注意。また，体を倒すときの速さより，元へ戻すときの速さを遅くする。

☐ **前傾姿勢**
●来客応対のとき，上司に報告するときなどの，人に接するときの体の構えのこと。
●体を会釈程度に曲げ，手は体の前で重ねる。

3 実際の面接の手順

 Key フレーズ ■これだけは押さえておきたい■ 「試験の流れを把握しておくのが合否の鍵」

　控室から面接室に入るまでの段取り，着席してから退室するまでの一連の流れを頭に入れておき，面接試験の概要を把握しておくことが重要です。また面接は3人一組で実施されますが，自分の順番も頭に入れておきます。

☆ 面接の流れ

　準1級の面接試験は，以下の流れで行われます。

① 控室に入る	●空いている席に座り，静かに待つ。 ●名前を呼ばれる時間の5分前になったら，番号札を左胸に着ける。
② 課題を受け取る	●4分前になると，「報告」の課題を読む席に案内される。 ●2分間で内容を覚える。 ●課題は時間になると係員が回収する。
③ 面接室に入る	●3人一組で面接番号順に入室する。 ●係員がドアを開けるので，「失礼いたします」と言って会釈をして入室し，所定の場所に荷物を置き，順に奥の椅子に座る。

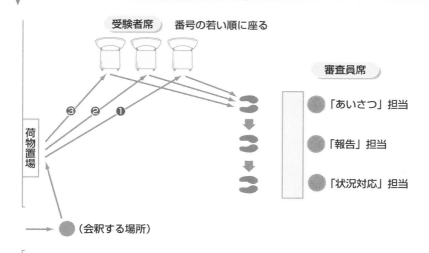

受験者席　番号の若い順に座る

審査員席

● 「あいさつ」担当

● 「報告」担当

● 「状況対応」担当

荷物置場

● （会釈する場所）

第6章　面接

④「あいさつ」をする
- 番号を呼ばれたら，「あいさつ」と表示された審査員の机の前に行く。
- 面接番号と氏名を告げ，あいさつする。

⑤課題を「報告」する
- 「あいさつ」が終わったら，「報告」と表示された審査員の机の前に進む。
- 控室で覚えた課題を，秘書が上司に話す言葉で審査員（上司役）に報告する。

⑥「状況対応」をする
- 「報告」が終わったら，「状況対応」と表示された審査員の机の前に進み，審査員が示すパネルに書かれてある状況を把握する。
- 受験者は秘書として，審査員（来客役）に状況に応じた対応をする。

⑦退室する
- 「状況対応」が終わると審査員が「アドバイスシート」を渡してくれるので受け取る。
- 受け取ったら一歩下がり，審査員全員に向かって「ありがとうございました」と礼を言い，荷物を持って退室する。

☆ 面接室（試験会場）の様子と留意点

　面接室に入ると，3人の審査員が正面に座っています。審査員席の近くに受験者席が3席用意してあるので，奥の椅子から番号順に座ります。

　審査員の机には，順に「あいさつ」，「報告」，「状況対応」と表示されているので迷うことはありません。番号を呼ばれたら，順に審査員の前に行き，それぞれの課題を行います（前ページの図参照）。このほか次のことを留意しておきます。

- 受験者は面接室で審査員に質問をすることはできない。
- 「状況対応」で面接は終了するが，ここで「ロールプレーイングアドバイスシート」を渡される。（193ページ参照）
- 課題は3人とも違う。
- 面接試験の所要時間は3人一組で約10分。
- 合否は後日連絡されることになっている。

課題では，正確に話すことに注意が向いてしまいますが，それより「話し方」の方が重要なポイントになります。また，歩き方，立ち姿勢も審査の対象になるので，自然にできるように事前に練習してしておくことが大切です。

☆ 課題を受け取り入室するまで

　「面接試験は控室から始まっている」ことを認識しておくことが大切です。控室でやるべきこと，面接室に入室してから着席するまでのポイントを押さえておきましょう。

◆控室で課題を受け取る

　面接試験に入るまでの間，受験者は控室で待機します。試験が始まる4分前になると，「報告」の課題を読む席に案内されます。課題は50文字程度の簡単な内容です。指定された場所でその課題を2分間で覚えます。課題は書き言葉で書いてあるため，これを話し言葉に換える必要があります。その際には，要領よく話せるように文章を頭の中で整理しておかなければなりません。

　時間が来ると係員から「それではお時間になりましたので，面接室にご案内いたします。お荷物をお持ちください」などと言われます。面接試験室に課題を持って行くことはできません。

◆入室する

　面接室（試験会場）には3人の受験者が一組になって入室します。係員が「失礼いたします」と言ってドアを開けてくれるので，面接番号の若い人から，入室することになります。

　入室のあいさつ（「失礼いたします」と言って会釈をする）をして中へ入り，所定の場所に荷物を置いてから，面接番号順に奥の椅子から座ります。ここでの会釈は，緊張し過ぎて最敬礼をしたり，頭だけをちょこんと下げるなどの中途半端な礼にならないように注意しましょう。

☆ 課題の進め方のポイント

　課題は，「あいさつ」，「報告」，「状況対応」の順で行います。それぞれの課題については，以下のようなことを心得ておきましょう。

◆「あいさつ」

　「○○番の方，どうぞ」と審査員に面接番号を呼ばれたら，「はい」と明るく返事をして立ち上がり，「あいさつ」と書かれた審査員の机の前に行きます。

　立ち位置は，審査員の机から1.5m程度離れたところが適切です。

　審査員の前に立ったら，「面接番号○○番，○○○○と申します。よろしくお願いいたします」と言って，お辞儀(敬礼)をします。きちんとした姿勢で立つこと，また，お辞儀の角度が浅くならないように注意します。

◆「報告」

　「あいさつ」が終わったら，「報告」と表示された審査員の机の前に行って，控室で覚えた課題の内容を報告します。

　上司役の審査員は座っているので，立ち位置は「あいさつ」同様，机から1.5m程度離れたところが適切です。近づき過ぎると上司が秘書を見上げる姿勢になるので注意します。

　言葉は，はっきり区切ってはきはきと話します。どうしても早口になりがちなので，意識してゆっくり話すようにします。

◆「状況対応」

　「報告」が終わったら，「状況対応」と表示された審査員の机の前に立ちます。お辞儀をすると，審査員が課題が書かれたパネルを示します。状況はパネルの両面に書かれており，表が終わると裏の状況対応に移ります。つまり，「状況対応」は一人で2回行うことになります。

◆「ロールプレーイングアドバイスシート」～退室

　「状況対応」が終わると，審査員が「これを今後の参考になさってください」と言って渡してくれます。幾つかの項目があり，印が付いています。例えば，受験者の話し方が丁寧でないときは，「話し方に丁寧さが必要」の項目に印を付けて渡されます。ただし，あくまでもアドバイスで，合否には関係ありません。

5 「あいさつ」の要領

Key フレーズ 「『あいさつ』は受験の第一関門」

「あいさつ」では，面接番号と氏名を告げるだけですが，受験者の話し方の丁寧さなどが分かる審査の第1ステップとなります。最初に声がかすれたり，うわずったりすると気持ちが焦り，その後の課題にも影響してしまうので「最初が肝心」と気を引き締めて「あいさつ」の課題に対応するよう心がけましょう。

☆ 立ち位置を間違えない

　「あいさつ」は，その人の第一印象を決める大切な課題だということを頭に入れておくことが大切です。その「あいさつ」を適切に行うためのキーポイントが立ち位置です。遠過ぎたり，近過ぎたりすると相手に違和感を与えてしまいます。着席して順番を待つ間に，あらかじめどの位置に立つか目安を付けておくようにします。そして，自分の面接番号を呼ばれたら，下図のように，審査員の机から1.5m程度離れた位置に正面を向いて立つように意識して歩いて行きます。

　立ち位置に来たら，立ち止まって静止します。両腕は体の横に自然にたらして軽く付け，背筋を伸ばし，両足のかかとを付けてきれいに立ちます。その後そのまま無理なく手を前へ持っていって親指を組んで重ねます。ここで立ち姿が審査されるのでよく練習しておきましょう。

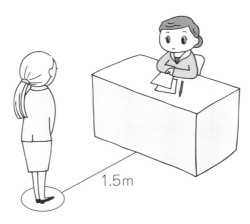

1.5m

☆ 名乗り方を決めておく

審査員の前に立ったら，お辞儀(敬礼)をして「あいさつ」をします。「あいさつ」は，以下の言い方があります。

> **面接番号○○番，○○○○（氏名）と申します。**
> **よろしくお願いいたします。**

面接番号と氏名を告げるだけの簡単なものですが，実際にはここで失敗する人が少なくありません。

快活な声の調子で，はきはきと明るく言えるように練習しておくことが大切です。また，適度な速度を守ることも重要なポイント。例えば，「面接番号と氏名」を一気に言おうとすると，どうしても早口になり言い間違いなどのミスにつながります。「あいさつ」をするときは，「面接番号」で一瞬切って「○○番」と言い，一呼吸おいて氏名を名乗り，さらに一呼吸おいて，「よろしくお願いいたします」と続けるように心がけましょう。

「よろしくお願いいたします」と言った後は，お辞儀(敬礼)をします。

☆ リズミカルな動作を心がける

離席して立ち上がるとき，歩き出すとき，歩いているとき，立ち止まるときなど，一連の動作を緩慢に行うのではなく，一つの動作から次の動作に移るときは一瞬の間を置き，リズミカルに動くよう心がけます。機敏に，しかし肩の力を抜いてあくまでも自然に，生き生きとした動きが出せるように練習しましょう。

■これだけは押さえておきたい■
Key フレーズ | 「『報告』では言い方の展開パターンを覚える」

「報告」の基本パターンは，① 「失礼いたします。」，②報告内容を話す，
③（報告が終了したら）「以上でございます」の展開になります。

☆「報告」に必要な基本用語

　「報告」するに当たって，これだけは欠かせない基本用語があります。

失礼いたします。	話し出すときのあいさつの言葉。
ご報告したいことがございますが，	報告するときの冒頭に用いる言葉。
ただ今，お時間よろしいでしょうか。	上司の都合を聞く。
以上でございます。	報告の最後に話す。

☆「報告」の際の留意点

　「報告」するときの立ち位置は，「あいさつ」と同じように，審査員の机から1.5m程度離れた位置が適切です。また，報告の前後には，上司に対して会釈をするようにします。

　報告する際には次のようなことに留意します。

◆相手を意識した話し方をする

　覚えた内容をただ言えばよいということではありません。上司に報告する場面ですのではっきりと話すことを心がけます。覚えた内容を忘れないうちにと早口になることのないよう，相手を意識して話すようにしましょう。

◆態度・振る舞いに気を配る

　報告内容に集中するあまり，つい態度・振る舞いがおろそかになってしまうことがあります。ここでは，座っている上司への報告です。きちんとした姿勢で前傾することを忘れないようにしましょう。

◆タイトルを付けてもよい

　報告する場合は，タイトルを付けてもよいでしょう。

（例）「失礼いたします。携帯用の空気清浄機についてご報告いたした
　　　いのですが，ただ今お時間よろしいでしょうか」

　この例文では，「携帯用の空気清浄機について」がタイトルに当た
ります。タイトルを示すことで，上司は今聞くべきか後回しにするか
判断することができます。

☆「報告」の課題例と展開パターン

　課題を例にした「報告」の展開パターンは以下のようになります。

> （課題例）携帯型の音声翻訳機ができた。声を登録して日本語で話すと，
> 　　　　　外国語に翻訳して返してくれるという。

（解答例と展開パターン）

失礼いたします。

携帯型の音声翻訳機ができたそうでございます。声を登録して日本語で話
すと，音声で外国語に翻訳して返してくれるとのことでございます。

以上でございます。

　タイトルを付ける場合は「新製品について」でもよいのですが，「携
帯型の音声翻訳機について」とするとより具体的になります（タイト
ルが付けにくい課題の場合は，単に「ご報告したいことがございます
が」でも可）。

　また，「できたそうだ」は「できたそうです」でも構いません。「外
国語に翻訳して返して」は「音声で外国語に翻訳して返して」とする
と分かりやすくなります。

■これだけは押さえておきたい■
Key フレーズ 「『状況対応』では受付での接遇用語をマスターする」

「状況対応」は，課題がその場で示されるので，素早い状況把握が求められます。状況に応じた適切な言葉としぐさで来客（審査員）に応対するには，受付での基本的な接遇用語をマスターすると同時に，「お辞儀」や「受け取る」，「方向を示す」などのしぐさを身に付けておくようにします。

☆「状況対応」の特徴

次のような状況対応の特徴を理解して，面接に臨むようにします。なお，立ち位置は「報告」と同じく審査員の机から1.5mの位置です。

◆相手は社外の人である

「状況対応」は上司に対する「報告」と異なり，来客への対応となります。従って話し方や立ち居振る舞いも「報告」以上に気を使わねばなりません。来客（審査員）に接するときは，適切な接遇用語を使い，姿勢やお辞儀，話すタイミングに気を配って前傾姿勢で話すようにします。また，状況対応を始めたらパネルを見ないようにし，来客役である審査員に対して演技するよう気を付けます。

◆素早く内容を理解する

パネルはその場で示されるので，事前に準備する時間はありません。素早く状況を把握し，対応を考える必要があります。

☆「状況対応」でよく用いる接遇用語

失礼でございますが，	確認するとき，最初に言う。
恐れ入りますが，	何かをしてもらうとき，最初に言う。
～いただけませんでしょうか。	何かをしてもらうとき，最後に言う。
いかがいたしましょうか。	相手の意向を確認するときに言う。
誠に申し訳ございません。	相手の要望に応じられないときに言う。
よろしいでしょうか。	こちらの要望を述べるときに言う。

☆「状況対応」の課題と解答例・解説

以下は課題を例にした「状況対応」の解答例と解説です。

（課題例 1）　| 前傾姿勢で言う |　失礼だが，名前を教えてもらえないか。

解答例 1

（前傾姿勢で言う）失礼でございますが，お名前を教えていただけ
ませんでしょうか。

解説　来客に名前を聞くのですから，「失礼ですが」では丁寧とはい
えません。ここは「失礼でございますが」とし，「教えていただ
けますか」ではなく「お教えいただけませんでしょうか」としま
す。また，「お名前をお聞かせ願えませんか」でも構いません。

（課題例 2）　| 前傾姿勢で言う |　わたしでよければ，伝言を聞こうか。

解答例 2

（前傾姿勢で言う）わたくしでよろしければ，ご伝言を承り
ましょうか。

解説　「わたし」を「わたくし」にします。「聞こうか」は「承りま
しょうか」と謙譲語の特別な言い方に言い換えます。

◆前傾姿勢

　前傾姿勢とは，秘書が上司に報告をしたりお客さまに応対するとき，
手は体の前で重ねたまま，体を少し前に傾ける（会釈程度）姿勢（体
の構え）のことです。この姿勢で，上司やお客さまに接するときの謙
虚さを表すわけです。面接試験では，歩き方やお辞儀の仕方まで審査
の対象になりますが，前傾姿勢で話をすると，上司への報告，お客さ
ま応対のときの話し方まで，この場に合った雰囲気になります。

面接試験の課題にチャレンジ

●3人一組で受けるので，課題は3人分用意しています。ここでは自分がＡ，Ｂ，Ｃのどれになるかを決めてからチャレンジしてください。

面接試験の課題にチャレンジ

【あいさつ】
　あいさつをしなさい。

【報　　告】
　次の内容を2分間で覚え，秘書が上司に話す言葉で報告しなさい。
　（1人1課題）

> Ａ．ボタンを押すと，光が骨の先端部分8カ所で点滅する傘ができた。雨の夜，交通事故防止に役立つという。
>
> Ｂ．その人に合わせて，効率よく脂肪を燃焼させることができる歩数計ができた。音に合わせて歩くのだという。
>
> Ｃ．暗くなって走ると点灯し，止まると消える自転車のライトができた。光と振動のセンサーで作動するのだという。

【状況対応】
　審査員をお客さまだと思って，次を適切な言葉に直して応待してください。（1人2課題）

Ａ―1

> 気を遣ってもらって，ありがとう。　お辞儀をする

Ａ―2

> 前傾姿勢で言う　席にいないが，呼んでくるので，
> 待ってもらえないか。

B—1

> どうぞ，上座（かみざ）のほうに座ってくれ。
>
> 上座の方向を示すしぐさをする

B—2

> 前傾姿勢で言う　すまないが，日を変えて来て
> もらいたいが，よいか。

C—1

> ここに，新聞があるが，見るか。　渡すしぐさをする

C—2

> すまない。　お辞儀をする　　前傾姿勢で言う
> 名前を忘れたので，教えてもらえないか。

面接試験の課題にチャレンジ 2

【あいさつ】
　あいさつをしなさい。

【報　　告】
　次の内容を2分間で覚え，秘書が上司に話す言葉で報告しなさい。
　（1人1課題）

> A．携帯用の空気清浄機ができた。重さ43グラムで，鼻から20セン
> 　チぐらい離して首に下げて使うと花粉症が防げるという。
>
> B．感情の変化が7つの色で分かる指輪ができた。ヒヤッとした瞬
> 　間はオレンジ，落ち着いているときはブルーだという。
>
> C．携帯電話に取り付けて使えるルーペができた。両面が大きく見
> 　え，老眼が進んでいる中高年に好評だという。

【状況対応】
　審査員をお客さまだと思って，次を適切な言葉に直して応待してください。（1人2課題）

A—1

わたしは秘書の佐藤と言う。よろしく。 お辞儀をする

A—2

前傾姿勢で言う 　今日は戻らない予定だ。
失礼だが，急ぎの用件か。

B—1

無理を言って，大変すまない。 お辞儀をする

B—2

前傾姿勢で言う 　いつも元気で何よりだ。いま，取り次ぐので，
ちょっと待ってくれ。

C—1

これを，持っていってくれ。 渡すしぐさをする

C—2

前傾姿勢で言う 　20分ぐらいしか，会えないと思うが，
それでもいいか。

【あいさつ】
面接番号○○○番，（氏名）と申します。よろしくお願いいたします。

【報　　告】
A.　失礼いたします。
　　ボタンを押すと，光が骨の先端部分8カ所で点滅する傘ができたとのこと
でございます。雨の夜，交通事故防止に役立つとのことでございます。
　　以上でございます。

B.　失礼いたします。
　　その人に合わせて，効率よく脂肪を燃焼させることができる歩数計ができ
たとのことでございます。音に合わせて歩くのだとのことでございます。
　　以上でございます。

C.　失礼いたします。
　　暗くなって走ると点灯し，止まると消える自転車のライトができたとのこ
とでございます。光と振動のセンサーで作動するそうでございます。
　　以上でございます。

【状況対応】
A—1　お気遣いいただきまして，ありがとうございます。（お辞儀をする）

A—2　（前傾姿勢で言う）席を外しておりますが，呼んでまいりますので，
　　　お待ちくださいませんでしょうか。

B—1　どうぞ，上座のほうにおかけくださいませ。
　　　（上座の方向を示すしぐさをする）

B—2　（前傾姿勢で言う）申し訳ございませんが，日を改めておいで
　　　いただきたいのですが，よろしいでしょうか。

C—1　こちらに，新聞がございますが，ご覧になりますか。（渡すしぐさをする）

C—2　申し訳ございません。（お辞儀をする）（前傾姿勢で言う）お名前を
　　　失念いたしましたので，お教えいただけませんでしょうか。

【あいさつ】
面接番号○○○番，（氏名）と申します。よろしくお願いいたします。

【報　告】
A.　失礼いたします。
　　携帯用の空気清浄機ができたとのことでございます。重さは43グラムで，鼻から20センチほど離して首に下げて使うと花粉症が防げるそうでございます。
　　以上でございます。

B.　失礼いたします。
　　感情の変化が7つの色で分かる指輪ができたそうでございます。ヒヤッとした瞬間はオレンジ色に，気分が落ち着いているときはブルーになるとのことでございます。
　　以上でございます。

C.　失礼いたします。
　　携帯電話に取り付けて使えるルーペができたとのことでございます。画面が大きく見えて，老眼が進んでいる中高年に好評とのことでございます。
　　以上でございます。

【状況対応】
A—1　わたくしは秘書の佐藤と申します。よろしくお願いいたします。
　　（お辞儀をする）

A—2　（前傾姿勢で言う）本日は戻らない予定でございます。失礼でございますが，お急ぎのご用件でいらっしゃいますか。

B—1　ご無理を申し上げまして，誠に申し訳ございません。
　　（お辞儀をする）

B—2　（前傾姿勢で言う）いつもお元気で何よりでございます。ただ今，お取り次ぎいたしますので，少々お待ちくださいませ。

C—1　こちらを，お持ちくださいませ。（渡すしぐさをする）

C—2　（前傾姿勢で言う）20分ほどしか，お目にかかれないと存じますが，それでもよろしいでしょうか。

秘書技能審査基準
●準1級●

〈一次試験（筆記）〉

程　　度	領　　　　域		内　　　　容
秘書的業務について理解があり，1級に準じた知識を持つとともに，技能が発揮できる。	Ⅰ　**必要とされる資質**	(1) 秘書的な仕事を行うについて備えるべき要件 (2) 要求される人柄	①秘書的な仕事を処理する能力がある。 ②判断力，記憶力，表現力，行動力がある。 ③機密を守れる，機転が利くなどの資質を備えている。 ①身だしなみを心得，良識がある。 ②誠実，明朗，素直などの資質を備えている。
	Ⅱ　**職務知識**	(1) 秘書的な仕事の機能	①秘書的な仕事の機能を知っている。 ②上司の機能と秘書的な仕事の機能の関連を知っている。
	Ⅲ　**一般知識**	(1) 社会常識 (2) 経営管理に関する知識	①社会常識を備え，時事問題について知識がある。 ①経営管理に関する一般的な知識がある。
	Ⅳ　**マナー・接遇**	(1) 人間関係 (2) マナー (3) 話し方，接遇 (4) 交際の業務	①人間関係について知識がある。 ①ビジネスマナー，一般的なマナーを心得ている。 ①状況に応じた言葉遣いができ，適切な敬語，接遇用語が使える。 ②長い報告，説明，苦情処理，説得ができる。 ③真意を捉える聞き方ができる。 ④忠告が受けられ，忠告の仕方を理解している。 ①慶事，弔事の次第とそれに伴う庶務，情報収集とその処理ができる。 ②贈答のマナーを知っている。 ③上司加入の諸会の事務，および寄付などに関する事務が扱える。
	Ⅴ　**技　　能**	(1) 会議 (2) 文書の作成 (3) 文書の取り扱い (4) ファイリング (5) 資料管理 (6) スケジュール管理 (7) 環境，事務用品の整備	①会議に関する知識，および進行，手順についての知識がある。 ②会議の計画，準備，事後処理ができる。 ①社内外の文書が作成できる。 ②会議の簡単な議事録が作成できる。 ③折れ線，棒，円などのグラフを書くことができる。 ①送付方法，受発信事務について知識がある。 ②秘扱い文書の取り扱いについて知識がある。 ①ファイルの作成，整理，保管ができる。 ①名刺，業務上必要な資料類の整理，保管ができる。 ②要求された社内外の情報収集，整理，保管ができる。 ①上司のスケジュール管理ができる。 ①オフィスの整備，管理，および事務用品の整備，管理が適切にできる。

〈二次試験（面接）〉

(1) ロールプレーイング
(審査要素)
　秘書的業務担当者としての，態度，振る舞い，話の仕方，言葉遣い，物腰，身なりなどの適性。
　① 一般的なあいさつ（自己紹介）ができる。
　② 上司への報告ができる。
　③ 上司への来客に対応できる。

イラスト：高崎祐子

秘書検定 準1級 クイックマスター 改訂2版

2024年 3 月20日　　　初版発行

編　者　　公益財団法人 実務技能検定協会 ©
発行者　　笹森 哲夫
発行所　　早稲田教育出版
　　　　　〒169-0075 東京都新宿区高田馬場一丁目4番15号
　　　　　株式会社早稲田ビジネスサービス
　　　　　https://www.waseda.gr.jp/
　　　　　電話（03）3209-6201